Antonio Negri   Félix Guattari

As verdades nômades
Por novos espaços de liberdade

As verdade nômades: por novos espaços de liberdade
©Editora Filosófica Politeia & Autonomia Literária, 2017
©Antonio Negri, 2017

Conselho editorial: Cauê Seignemartin Ameni, Hugo Albuquerque, Manuela Beloni e Mario A. Marino
Tradução: Mario Antunes Marino e Jefferson Viel
Revisão: Maria Alice Pavan Sabino
Projeto gráfico: Juliano Bonamigo Ferreira de Souza

A reprodução parcial sem fins lucrativos deste livro, para uso privado ou coletivo, em qualquer meio, está autorizada, desde que citada a fonte. Se for necessária a reprodução na íntegra, solicita-se entrar em contato com os editores.

Dados Internacionais de Catalogação na Publicação (CIP)
Vagner Rodolfo CRB-8/9410

N386v   Negri, Antonio

As verdades nômades: por novos espaços de liberdade / Antonio Negri, Felix Guattari ; traduzido por Mario Antunes Marino, Jefferson Viel. São Paulo : Autonomia Literária e Editora Politeia, 2017.
214 p. ; 14cm x 20cm.

Tradução de: Le verità nomadi
Inclui bibliografia e índice.
ISBN: 978-85-69536-12-3

1. Filosofia política. I. Guattari, Felix. II. Marino, Mario Antunes. III. Viel, Jefferson. IV. Título.

2017-455

CDD 320.01
CDU 321.01

Índice para catálogo sistemático
1. Filosofia política 320.01
2. Filosofia política 321.01

Editora Filosófica Politeia e Autonomia Literária
São Paulo, 2017
www.editorapoliteia.com.br
www.autonomialiteraria.com.br

Antonio Negri   Félix Guattari

As verdades nômades
Por novos espaços de liberdade

Tradução
Mario Antunes Marino e Jefferson Viel

1ª edição
São Paulo, 2017

Sumário

Apresentação vii

AS VERDADES NÔMADES

1 Chamamos de comunismo… 3
2 A revolução começou em 68 15
    A produção socializada 17
    Para além do político 23
    As novas subjetividades 30
3 A reação dos anos 1970: "no future" 37
    O Capitalismo Mundial Integrado 39
    Norte/Sul: terror e fome 46
    A direita no poder 54
4 A revolução continua 61
    A recomposição do movimento 63
    A cesura terrorista 69
    Uma nova política revolucionária 76
5 A nova aliança 85
    Um método molecular de agregação 87
    Máquinas de luta 92
    As novas linhas de aliança hoje 100
6 Pensar e viver de outro modo. Propostas ... 109

APÊNDICES

Das liberdades na Europa, Félix Guattari 127
Carta arqueológica, Antonio Negri 147
Posfácio, 1990, Antonio Negri 171

Índice 197

Apresentação

Um discurso de esperança. É assim que Toni Negri qualifica o livro que ora apresentamos ao leitor brasileiro. Publicado originalmente em 1985, este livro foi escrito sob o signo do luto de que se vestiu o ímpeto revolucionário dos movimentos de criação e contestação política e social que varreram o Ocidente nos anos 1960. A cultura e as lutas que se ergueram em torno de maio de 68, marcando toda uma geração de militantes e intelectuais, foram derrotadas na década seguinte. Simultaneamente, deu-se início ao processo de reestruturação do capitalismo, cuja vitória se consolidou nos anos 1980. Instauravam-se os anos de inverno, observa Guattari. Na Itália, persistiam os "anos de chumbo" e a repressão aos movimentos extraparlamentares de esquerda; na França, o governo socialista de François Mitterrand abandonava o programa de renovação social que o conduzira ao poder; na Aliança Atlântica, Reagan e Thatcher arrancavam da relativa obscuridade a doutrina neoliberal; na URSS, o autoritarismo do chamado "socialismo real" ainda fazia suas últimas vítimas.

Vivia-se um estado de contrarrevolução permanente. Guattari e Negri, que participavam ativamente dos movimentos, foram profundamente atingidos. Quanto ao último, o caso é manifesto. Nome conhecido nas lutas operárias e na esquerda autonomista italiana, Negri, junto a outros militantes e intelectuais, foi alvo de uma ampla repressão política desencadeada pelo Estado italiano. Doutra parte, Guattari sentia profundamente o esgotamento da imaginação e dos projetos políticos que dominaram os anos 1960, o que, somado a fatores de ordem pessoal, contribuiu intensamente para o agravamento de uma profunda melancolia que nessa época atingia o incansável agitador francês e que só se dissipa pouco antes de sua morte, em 1992. Não obstante, como dirá Negri em outra ocasião, deve haver um modo de reconhecer uma derrota sem ser derrotado. Não nos parece ter sido outra a força que impulsionou a escrita deste opúsculo.

O projeto de *As verdades nômades* nasce quando Negri está encarcerado em Roma. Atento às movimentações políticas na Itália, Guattari vai diversas vezes àquele país e visita o amigo na prisão. Desde então, a troca de correspondência entre eles se intensifica. Para ajudar Negri a suportar a pena, Guattari lhe propõe em 1982 escrever em conjunto. Em 1983, Negri é eleito deputado pelo Partido Radical. Em junho é libertado por gozar de imunidade parlamentar. Em setembro, o parlamento italiano revoga a sua imunidade. Negri vai então para França, onde é acolhido como refugiado político, beneficiado pela Doutrina Mitterrand, até 1997. Novamente reunidos, os dois amigos retomam o trabalho conjunto. O livro é publicado em 1985 sob o título de *Les nouveaux espaces de liberté* pela editora Dominique Bedou. Essa edição é composta por seis capítulos seguidos de dois textos escritos individualmente — "Das liberdades na Europa", de Guattari, e "Carta arqueológica", de Negri —, aqui reproduzidos no primeiro e segundo *Apêndices*. Além disso, a presente edição traz o "Posfácio, 1990", apresentado inicialmente na edição italiana, publicada em 1989 pela Pellicani sob o título de *Le verità nomadi*, e ampliado para a edição estadunidense, publicada pela Semiotext(e) no ano seguinte sob o título de *Communists like us*. Finalmente, reproduzimos ainda uma pequena nota que acompanha o "Posfácio, 1990", escrita por Negri para a reedição francesa da obra, publicada pela editora Lignes em 2010.

•

Antes de tudo, este livro é uma resposta à derrota dos movimentos de contestação política e social dos anos 1960. Qual é o significado da derrota? Esse evento, diz Negri, foi carregado de uma "espessura ontológica tão importante quanto aquela que a transformação das consciências, na luta revolucionária, construiu como riqueza de necessidades, de desejos e de inteligência". Portanto, ele deve ser minunciosamente avaliado. "Fomos vencidos", e diante disso, ele insiste, "só nos resta repensar a derrota, as suas razões, os modos pelos quais o inimigo nos venceu, lembrando que não há linearidade da memória, há apenas uma sobrevivência ética". Tal diagnóstico é partilhado por Guattari. Ante o retorno do entrave reacionário, ele reavalia seus posicionamentos anteriores. É preciso, ele assinala, "fazer a triagem entre aquilo que deve ser reafirmado mais vigorosamente que nunca e um certo número de ideologias ultrapassadas, que devem ser urgentemente relegadas ao museu dos mitos decaídos".[i]

Admitir a derrota ou, mais do que isso, admitir a própria derrota e tencionar uma reavaliação das próprias crenças, posicionamentos e conclusões precedentes com tamanha franqueza é um gesto infrequente tanto na filosofia quanto na política. Assim, o que nossos autores propõem neste livro deve ser percebido como um ato de coragem. Primeiramente, coragem para admitir a derrota sem meias tintas e, mais que isso, para reconhecer sua gravidade. A partir dela, é inútil aferrar-se à nostalgia dos anos primaveris em que o vigor da imaginação e da ação políticas fazia aproximar a perspectiva de uma transformação real daquele estado de coisas. Ao contrário, dizem respectivamente Negri e Guattari, "devemos nos convencer de que não há memória nem repetição possível de um evento" e, por conseguinte, tampouco razão para "manter-se fiel aos fantasmas da esquerda tradicional". A derrota constitui "um limite sólido, um obstáculo que somente uma capacidade de crítica enorme conseguirá retirar da via do conhecimento e da subversão social". E é justamente na tentativa de suplantá-la e reabrir as vias do conhecimento e da subver-

---

[i] Respectivamente "Carta Arqueológica", p. 152 *et seq.*, *infra*, e GUATTARI. *Les années d'hiver*. Paris: Prairies Ordinaires, 2009, p. 31 *et seq.*

são que podemos conferir o caráter positivo, por assim dizer, do ato de coragem de nossos autores.

Além de admitir a derrota, recusando tanto a "repetição teórica de um método" quanto a "rememoração fantástica das práticas felicíssimas do passado", é preciso recuperar aquilo que merece ser afirmado com vigor ainda maior, como disse Guattari, e sobretudo avaliar o que pode ser construído de novo. Destarte, encontramos logo na abertura de *As verdades nômades* o primeiro passo de um projeto que visa recuperar o conceito de comunismo, apresentando de maneira embrionária, mas com impressionante lucidez, as reflexões que Negri desenvolverá junto a Michael Hardt em obras como *O trabalho de Dioniso* (dedicada ao amigo francês), *Império*, *Multidão* e *Bem-estar comum*.

O projeto de resgatar o comunismo da infâmia na qual se encontrava significa resgatar o seu princípio e a sua imaginação. De fato, nossos autores começavam a enxergar, na passagem para a segunda metade dos anos 1980, a abertura de um novo horizonte. Havia a derrocada do socialismo soviético de tipo stalinista, a epopeia do Solidarność polonês, o movimento pela paz e pela defesa da natureza na Alemanha, os movimentos de liberação no Cone Sul. Nesse cenário de surgimento de novos sujeitos constituintes, o comunismo se coloca como "programa essencial e mínimo". É tempo da nossa imaginação se fazer revolucionária, eles dizem, de fervilhar os processos coletivos e singulares, inundando o mundo com "uma imensa onda de recusa e de esperança".

Ao mesmo tempo, a reestruturação capitalista iniciada nos anos 1970 responde aos levantes da década anterior, buscando dividir e integrar o proletariado — isto é, todos aqueles que trabalham sob o capital — em âmbito global. Semelhante reação se fez necessária devido ao caráter dos movimentos contestatórios de 68. Como explicam os autores, retomando a chamada "hipótese operarista", as lutas entre as classes proletárias e patronais colocaram um desafio para o capital: a lei do valor já não encontrava sua explicação na mera apropriação de quantidades de trabalho concreto, isto é, na jornada de trabalho despendida nas linhas de produção; em vez disso, as novas modalidades de produção se desterritorializavam cada vez mais, ultrapassando os muros das fábricas e investindo na esfera da reprodução social. "A família, a vida pessoal, o tempo livre e talvez mesmo a fantasia e o sonho, tudo apareceu doravante assujeitado às semióticas do capital" e devidamente ajustado aos regimes formais de governo do Leste e do Oeste. Esse transbordamento da produção para a esfera da reprodução social, esse ambiente no qual toda a sociedade é posta para trabalhar, trazem uma contradição fundamental: por um lado, as novas formas de trabalho conferem uma imensa força produtiva à humanidade; por outro, entretanto, o capital é obrigado a impor novos sistemas de controle e de coerção, a fim de recuperar suas taxas de exploração.

É este último o objetivo do Capitalismo Mundial Integrado (CMI), conceito que já vinha sendo trabalhado por Guattari em textos anteriores e que sem dúvida será o ponto de partida para a posterior construção do conceito de Império por Negri. Ultrapassando os limites do Estado e abrangendo não só a totalidade dos países capitalistas dominantes como também o bloco socialista e, quando necessário, os países do Terceiro Mundo, o CMI recobre a superfície do planeta, lançando seus tentáculos não só sobre o que é costumeiramente chamado de produção material, mas também sobre o que é aqui nomeado produção semiótica, um ramo produtivo que, através dos meios de comunicação de massa, dos equipamentos coletivos etc. assume um papel cada vez mais importante na exploração capitalista. Para recuperar o controle sobre a produção, a reestruturação do capital busca desarticular a coesão que o proletariado atingiu nos anos 1960, fabricando uma subjetividade tripolar constituída por um polo *elitista*, que inclui camadas dirigentes e estratos tecnocráticos do Leste, do Oeste e o Terceiro Mundo que aderem e reproduzem a ordem capitalista; um polo *garantido*, composto principalmente por trabalhadores industriais, assalariados e beneficiados pelas políticas de *Welfare*; um polo *não garantido*, formado pela massa de trabalhadores informais, precários, domésticos ou desempregados que atua especialmente nos novos interstícios da produção social.

Ao mesmo tempo em que surgem novas formas de subjetividade e de produção social, a sua tentativa de apropriação pelo capital torna-se um novo desafio aos saberes resistentes. A partir de 68 e pela primeira vez na história, as lutas contra a exploração são, ao mesmo tempo e sobretudo lutas pela liberação. Novos devires subjetivos integrados aos processos de produção — devir-mulher, devir-intelectual, devir-linguístico — correspondem aos novos anseios e necessidades que se exprimem nas lutas. São lutas múltiplas, transversais e, muitas vezes, específicas — gênero, raça, meio ambiente etc. —, compondo uma multiplicidade não totalizável, um tecido de "lutas moleculares de liberação dirigidas a objetivos ao mesmo tempo imediatos e de longa duração, locais, cotidianos, triviais, e, não obstante, engajados com o futuro da humanidade".

A política tradicional, por seu turno, se vê totalmente defasada e incompatível com o grande movimento de transformação da subjetividade coletiva. Isso é evidente quanto à esquerda tradicional, que assiste à derrocada dos partidos comunistas históricos. À direita, a resposta se dá em termos de bloqueio e de repressão. Sob a força do CMI, o comando estatal e os Estados nacionais são, ao mesmo tempo, desterritorializados de suas funções tradicionais e territorializados em redes multicêntricas segundo espaços descontínuos a partir de uma nova lógica consoante aos novos fluxos de capitais e as demandas da segurança visando a produção, a logística e os fluxos de capitais. Os Estados nacionais tornam-se mais e mais autárquicos e reativos. Para a integração capitalista a nível mundial, reestruturam-se o modo de produção e o conjunto da força coletiva de trabalho. As subjetividades são cada vez mais esquadrinhadas, tanto pelos meios de comunicação de massa quanto pelas novas tecnologias informáticas. Como afirmam os autores, "*as estruturas constitucionais e institucionais* dos países desenvolvidos do Ocidente e do Oriente foram duplamente minadas: *do interior*, por sua profunda inadequação; *do exterior*, por novas formas de protesto proletário, encarnadas na imensa massa de excluídos e de não garantidos". Em um contexto de precarização, os não garantidos aparecem como o ponto de apoio *fundamental* ao processo de reconfiguração capitalístico da repressão e da marginalização. Por outro lado, no diagnóstico de Guattari e de Negri, os não garantidos assumem um papel de destaque no interior do quadro de poder em razão dos valores e do potencial produtivo de que são portadores.

A retomada do processo de liberação requer compreender as matrizes de ruptura que surgem desde os anos 1970 em decorrência dos novos agenciamentos proletários. Em sua crescente diversidade e complexidade, para os nossos autores todas tiveram origem nas prodigiosas mutações da força produtiva social, cada vez mais complexa, potente e desterritorializada. Assim, a segmentação tripolar promovida pelo CMI vê-se recoberta pela força oriunda da emergência das múltiplas subjetividades sociais. São anos marcados pela "emergência contínua de momentos de ruptura" provocados pelo *self-making* coletivo das novas subjetividades. Doravante as lutas se multiplicam, se comprimem no tempo, entrando em fricção permanente com a temporalidade que o comando capitalista procura construir visando a apropriação do trabalho social, afetivo, colaborativo. O diagnóstico dos autores é de um tempo saturado por fluxos de experiência e de produção subjetiva, pelo impulso capitalista para a sua apropriação e pelas lutas de reapropriação pelos sujeitos. Esta é a experiência que se apresenta à crítica. Então, o que fazer? É ponto pacífico, atestam os autores, que os novos modos de subjetivação já cumpriram a tarefa de reorientar profundamente as tradições do movimento operário e revolucionário. A referência antagonista ao "proletariado moderno", desterritorializado, precarizado e flutuante quer dizer: um movimento multicéfalo e uma organização proliferante que não propõe "palavras de ordem", mas sim "proposições diagramáticas".

As lutas se dão na sela dos fluxos de produção. As frentes de luta, enquanto "processos de autovalorização e autoprodução" — precisamente na contramão da precarização do trabalho e do agenciamento para o consumo ao ritmo dos meios de comunicação de massa —, significam para os nossos autores a fundação de uma outra política que implique o desenvolvimento das forças sociais em um campo necessariamente fragmentado. Para as "vanguardas" do arqueossocialismo, a mensagem é clara: cada componente singular do movimento desenvolve sistemas de valor que devem ser considerados em si mesmos e ao abrigo de toda totalização, impedindo qualquer "salto qualitativo". Esses sistemas evoluem nas direções que lhes são próprias, mantendo relações contraditórias uns com os outros e, não obstante, "participam do mesmo projeto de construção de um novo tipo de realidade social". Trata-se então de elaborar um projeto na junção dos processos revolucionários de reconstrução da comunidade produtiva. É preciso uma nova economia política da transição com base no entrelaçamento dos programas particulares dos diferentes movimentos de gênero, ecologia, ciências, novas tecnologias e pacifismo. A paz é uma condição da revolução na medida em que a resposta coletiva é esboçada na tragédia que o capital impõe à vida. Na sombra da destruição, "uma exigência ética, de felicidade e de vida se afirma".

Ao fim do livro, cinco tarefas somadas a três "proposições diagramáticas" são lançadas por Guattari e Negri aos movimentos futuros. A primeira diz respeito à redefinição concreta do trabalho, com o desenvolvimento, a defesa e a expressão dos novos agenciamentos e subjetividades produtivas, o que poderá tomar a forma de lutas por uma renda mínima universal. A segunda concerne à liberação do trabalho das formas de comando capitalistas, engendrando a tomada de controle do tempo produtivo individual e coletivo, bem como a apropriação social da riqueza gerada pelo trabalho. A terceira se refere às lutas contra o Estado, sobretudo contra suas funções repressivas, o que inclui a distinção do próprio movimento em relação ao modelo estatal, com sua centralização, suas burocracias, sua separação entre a fonte e o exercício do poder. A quarta, que recebeu um valor destacado nos tempos da Guerra Fria e da crise nuclear, aponta para as lutas pela paz e contra a ameaça de execução empreendida pelo CMI. A quinta, finalmente, assinala a necessidade da organização dos novos movimentos, a fim de que eles consigam cumprir as tarefas anteriores.

•

À guisa de conclusão, gostaríamos de tecer algumas considerações sobre a atualidade deste livro para o leitor brasileiro. Tanto Guattari quanto Negri têm uma relação especial com o Brasil. O primeiro visitou-nos com relativa frequência durante os anos 1980. Em suas vindas, recusava a posição de intelectual francês que lhe atribuíam. Em vez de oferecer grandes conferências em universidades, preferia as discussões em pequenos grupos, a tomada de contato com pequenas ou grandes dissidências, minorias e marginalidades.

O Brasil dos anos 1980 foi marcado por toda uma riqueza de movimentos políticos e sociais, desde as novas abordagens no campo psiquiátrico até a luta pela redemocratização. Dentre eles, o Partido dos Trabalhadores parecia particularmente interessante para Guattari, na medida em que prometia ser um foco absolutamente inovador da ação política. O entusiasmo de Guattari com esses movimentos pode ser conferido na entrevista concedida por Luís Inácio Lula da Silva a Guattari em 1982. "No Brasil", aponta o nosso autor, testemunha-se "toda essa efervescência de ideias, de vontades de mudança que, por ocasião das próximas eleições do mês de novembro, irão provavelmente afundar a ditadura a que vocês estão sujeitos há dezoito anos". Mas, é claro, não se tratava de mera esperança eleitoral e tampouco de confiança exacerbada nas urnas ou num partido político. Era principalmente no terreno molecular que as coisas ocorriam, e se o PT despertava atenção e interesse, era na medida em que os "desejos de transformação, relativos a categorias sociais mais diversas, parecem ter-se encarnado no movimento de que ele se tornou articulador".[ii]

Ademais, os desejos de transformação, a "inteligência e sensibilidade coletiva do Brasil", não tinham para Guattari um interesse meramente regional. No contexto de um capitalismo mundial e integrado, as conquistas e fracassos das experiências que aqui se desenvolviam diziam respeito a todos aqueles que, ao redor do globo, chocavam-se com os mesmos tipos de impasse, paralisia e esclerose verificados tanto no âmbito do capital quanto no âmbito dos movimentos tradicionais de contestação. "Se vocês continuarem nesse ritmo em que estão engajados nesta espécie de transformação no Brasil, talvez vocês acabem nos enviando o elevador das revoluções moleculares".[iii]

Ocorre algo parecido com Negri. Em 2003, nosso país foi o seu primeiro destino após 24 anos entre prisão e exílio. Desde então, Negri vem retornando ao Brasil, tomando contato com as nossas questões políticas e sociais e, assim como Guattari, conhecendo as organizações, os partidos, os movimentos, enfim, os possíveis agentes de transformação locais. Essas ocasiões deram oportunidade para a produção de alguns materiais, como as re-

---

[ii] GUATTARI in: GUATTARI; ROLNIK. *Micropolítica: cartografias do desejo*. 10ª ed. Petrópolis: Vozes, 2005, cap. 3, p. 237, modificada.
[iii] *Ibid*., cap. 8, p. 366.

centes "Impressões de uma visita ao Brasil" e a entrevista "Lula: governando com os movimentos".[iv] O entusiasmo com as movimentações políticas e sociais brasileiras também é grande em Negri. Entretanto, diferentemente de seu amigo francês morto em 1992, Negri pôde testemunhar as mais recentes reviravoltas do país desde os levantes de junho de 2013 até o impedimento da presidente Dilma Rousseff, que interrompeu a sequência de quatro mandatos presidenciais do PT.

Ao longo das páginas deste livro, o leitor poderá reconhecer um percurso claro. Na década de 1960, a irrupção da revolução, simbolizada por 68. Nos anos 1970, a reação capitalista, a derrota dos movimentos e a formação do Capitalismo Mundial Integrado. A partir dos anos 1980, o reaparecimento de movimentos contestatórios que, conquanto seu estado embrionário, permitiam o vislumbre de dias melhores e reanimavam as esperanças. Guardadas as devidas proporções e contextos, e nos precavendo contra qualquer paralelismo superficial, podemos observar um movimento semelhante no Brasil hodierno. Testemunhamos um período importante no qual a força da imaginação e das práticas sociais encontra-se diante de uma derrota que, num espaço curtíssimo de tempo, tem sido capaz de destruir avanços que, não obstante seus limites, foram fruto de árduas batalhas travadas ao longo dos anos desde a redemocratização. Nesse sentido, acreditamos que as análises de Guattari e Negri, expressadas neste

---

[iv] Respectivamente, "Impressões de uma visita ao Brasil". *in*: *Ponto de debate*, n 10, jan. 2017; "Lula. Governare con i movimenti" *in*: *Goodbye Mr. Socialism*. Milano: Feltrinelli, 2006.

livro, podem contribuir para o enfrentamento de nossas próprias questões. Diante da derrota, é preciso buscar e produzir o novo. Devemos abandonar "a passividade coletiva, a desmoralização, a desorientação, a desorganização das forças inovadoras que deixam o campo livre para ações cujos efeitos sociais são devastadores", volvendo-nos na direção da construção de novos espaços de liberdade. Apressemo-nos.

Mario Antunes Marino
Jefferson Viel

As verdades nômades

1
Chamamos de comunismo...

A palavra "comunismo" está marcada pela infâmia. Por quê? Embora indique a liberação do trabalho como possibilidade de criação coletiva, tornaram-na sinônimo de esmagamento do homem sob o peso do coletivismo. De nossa parte, concebemo-la como via de *liberação das singularidades individuais e coletivas*, ou seja, o exato oposto da arregimentação dos pensamentos e desejos.

Os regimes coletivistas que se reportam ao socialismo falharam manifestamente. No entanto, *a questão do capitalismo permanece*. As promessas de liberdade, igualdade, progresso e esclarecimento foram traídas tanto de um lado quanto de outro. As organizações capitalistas e socialistas tornaram-se cúmplices, elas conjugaram seus esforços para disseminar sobre o planeta uma enorme máquina de escravização da vida humana em todos os seus aspectos — tanto os do trabalho como os da infância, do amor e da vida, tanto os da razão como os do sonho e da arte. O homem, que outrora fazia de seu trabalho e de sua qualificação uma dignidade, encontra-se, qualquer que seja sua posição, constantemente ameaçado de degradação social: desempregado, miserável, potencialmente assistido. Em vez de trabalhar para o enriquecimento das relações entre a humanidade e o seu ambiente material, ele trabalha sem descanso para a sua própria evicção dos processos maquínicos.

O trabalho e a sua organização capitalista e/ou socialista se tornaram a fonte de todas as irracionalidades, nas quais se entrelaçam todas as coerções e todos os sistemas de reprodução e de ampliação dessas coerções, que conseguem assim infiltrar-se nas consciências e proliferar em todos os percursos da subjetividade coletiva. O primeiro imperativo dessa gigantesca máquina de assujeitamento capitalístico[1] é a implementação de uma rede implacável de vigilância coletiva e de autovigilância capaz de interditar qualquer fuga desse sistema e de colmatar qualquer questionamento de sua legitimidade política, jurídica e "moral". Ninguém pode se subtrair à lei capitalística, que por excelência se tornou a lei da cegueira, a lei das finalidades absurdas. Cada sequência de trabalho, qualquer que seja sua natureza, é sobredeterminada por esse imperativo de reprodução dos modos de valorização e das hierarquias capitalísticas.

Por que a palavra comunismo é difamada e perseguida até por aqueles que ela pretendia liberar de suas correntes? Seria por que ela se deixou contaminar pelo "progressismo" do capital e pelos imperativos da racionalidade do trabalho? Os agenciamentos capitalísticos se apropriaram do discurso comunista para despojá-lo de sua capacidade de análise e de seu poder de liberação. Até as diversas variedades de socialismo foram gangrenadas pelas

---

[1] Acrescentando o sufixo "ístico(a)" à palavra "capitalista" os autores buscam abrigar sob o mesmo termo as sociedades consideradas capitalistas e aquelas de economia dita socialista. [N. T.]

epidemias de "recuperação". Uns e outras pretenderam substituir a "ética" da revolução social por uma nova transcendência dos valores de referência, combinada com uma lógica exclusivamente instrumental. O sonho de liberação se tornou um pesadelo. Todas as revoluções foram traídas e nosso futuro parece carregado de uma inércia histórica insuperável.

Houve um tempo em que a crítica atacava, com razão, o conceito de mercado. Hoje, as almas traumatizadas se submetem passivamente ao seu jugo e o reinvestem como a condição pretensamente menos opressiva da planificação capitalista e/ou socialista. É preciso reinventar tudo: as finalidades do trabalho bem como a disposição do *socius*, os direitos e as liberdades. Assim, recomeçaremos chamando de comunismo a luta coletiva pela liberação do trabalho, ou seja, em primeiro lugar, pelo fim do estado de coisas atual.

Os economistas de cabeça oca ditam a lei em todos os continentes. O planeta é inexoravelmente devastado. Antes de tudo, devemos reafirmar não ser verdade que existe apenas uma via, a do *imperium*[2] das formas capitalistas e socialistas de trabalho. Sua persistência e relativa vitalidade decorrem em grande parte da nossa inca-

---

[2] Termo que nomeava o poder supremo conferido a certos magistrados na Roma Antiga. Posteriormente, foi igualmente usado para referir-se à extensão geográfica em que se exercia esse poder, como em *Imperium Romanum*. Observe-se por fim a locução latina *imperium in imperio*. Podendo ser livremente traduzida por "um império dentro de um império", essa expressão está presente, por exemplo, na *Ética*, de Bento de Espinosa, e em *O que é o Terceiro Estado?*, de Emmanuel Sieyès, obras amplamente examinadas por Negri no período de seu encarceramento e exílio. [N. T.]

pacidade de redefinir um projeto e práticas de liberação. *Chamamos de comunismo o conjunto das práticas sociais de transformação das consciências e das realidades* nos níveis político e social, histórico e cotidiano, coletivo e individual, consciente e inconsciente. O discurso já é um ato. Forjar outro discurso sobre o existente pode desencadear a sua destruição.

Nosso comunismo, portanto, não será um fantasma que vaga sobre a velha Europa. Queremo-lo como uma imaginação que faça fervilhar os processos coletivos e singulares, inundando o mundo com uma imensa onda de recusa e de esperança. O comunismo nada mais é que um apelo da vida para romper o cerco da organização capitalista e/ou socialista do trabalho, que hoje conduz o mundo não só para um aumento das coerções e da exploração, como também para o extermínio da humanidade.

A exploração se tornou *ameaça de pena capital* baseada na acumulação nuclear e no *perigo de destruição* e de guerra que ela engendra. Não somos deterministas. Mas atualmente isso é desnecessário para reconhecer que a catástrofe estará presente e próxima caso abandonemos o poder à organização capitalista e/ou socialista do trabalho. Frustrar a catástrofe é realizar uma ação coletiva de liberdade. A vida cotidiana se tornou fremente de medo. Um medo que não é mais aquele descrito por Hobbes: a guerra permanente de um contra o outro, a segmentaridade feroz dos interesses e das vontades de poder. Trata-se agora de um medo transcendental, que infiltra a morte nas consciências individuais e polariza toda a humanidade em um ponto de catástrofe. Promovida à interdição fundamental, a esperança é banida desse universo lúgubre. A vida cotidiana é só tristeza, tédio, monotonia quando não consegue mais se organizar para romper o sentido desse horroroso lamaçal de absurdos. A palavra coletiva —*palabre*,[3] festa do *logos* ou cúmplice concertamento— foi expropriada pelo discurso dos meios de comunicação de massa. As relações entre os homens são marcadas pela *in-diferença*, a ignorância simulada da verdade do outro e, consequentemente, da sua própria, que todos acabam por execrar. O que, todavia, não impede de sofrê-la!

A trama dos sentimentos mais elementares se desintegra na medida em que já não consegue se unir às linhas de desejo e de esperança. Uma guerra larvada atravessa o mundo há trinta anos sem que a consciência coletiva a perceba como um acontecimento-chave na história, como empreendimento maciço, tenaz, obstinado de destruição. Desde então, as consciências pulverizantes-pulverizadas só têm como recurso abandonar-se à *individuação do desespero*, a uma implosão pessoal dos universos de valor. Todas as formas particulares de impotência se ancoram nesse medo e nessa paralisia maciça da vida. Só a barreira do não senso estupefaciente da existência retarda, talvez não por muito tempo, a transformação brutal do desespero em paixão de suicídio coletivo. A exploração tomou a face do medo: um medo universal, físico

---

[3] Espécie de colóquio encontrado em alguns povoados da África Subsaariana, em que a comunidade se reúne para trocar notícias, resolver assuntos pendentes e tomar decisões importantes. [N. T.]

e metafísico, das linhas de singularidade do desejo assim como das tentações de urdir outras linhas de futuro para o mundo. E, contudo, o desenvolvimento das ciências e da potência produtiva do trabalho atingiu o limiar de uma *alternativa* (princeps) *entre o extermínio e o comunismo*, entendido como liberação do trabalho, reapropriação não da riqueza produzida (esse esterco que já não podemos sequer usar como adubo), mas valorização das potencialidades da produção coletiva.

O comunismo consiste em criar condições para a emergência de uma renovação permanente da atividade humana e da produção social a partir da implantação de um processo de singularização, auto-organização e autovalorização. Só um imenso movimento de reapropriação do trabalho enquanto atividade livre e criadora, enquanto transformação das relações entre os sujeitos, só um desvelamento das singularidades individuais e/ou coletivas, esmagadas, bloqueadas, dialetizadas pelos ritmos da coerção engendrarão novas relações de desejo capazes de revolver a situação atual.

O trabalho pode ser liberado porque, em sua essência, é um modo de ser tendencialmente coletivo, racional e solidário do homem. O capitalismo e o socialismo submetem-no a uma máquina logocêntrica, autoritária e potencialmente destrutiva. A redução dos níveis de exploração direta e mortal, que os trabalhadores lograram impor aos países de elevado desenvolvimento industrial através de seus movimentos progressistas, foi paga com o aumento e com a mudança na natureza da dominação, com a diminuição dos graus de liberdade e com a precarização da paz nas zonas limítrofes, marginais ou de fraco desenvolvimento industrial, onde a exploração do trabalho, além disso, é entrelaçada com o extermínio pela fome. A redução relativa da exploração nas zonas metropolitanas foi paga com o extermínio no Terceiro e Quarto mundo. Não é por acaso que todos esses fenômenos aconteçam ao mesmo tempo em que uma liberação do trabalho se torna possível por sua *reapropriação pelos novos proletariados das ciências e das técnicas* mais avançadas. O que está fundamentalmente em causa é a capacidade das comunidades, das raças, dos grupos sociais, das minorias de qualquer tipo de conquistar uma expressão autônoma. Nenhuma causalidade histórica, nenhum destino impõe que a potência liberadora do trabalho, à medida que aumenta, seja condenada a uma crescente manipulação e opressão. De que modo o capital consegue usar a força coletiva do trabalho, em suas variações infinitas, como uma variante dependente ao passo que ela própria, nas peculiaridades e nas variações que a constituem, se apresenta como uma invariante incontornável? É essa aporia, sob suas formas constantemente renovadas, que os novos movimentos de transformação social deverão necessariamente enfrentar.

A recusa do trabalho, como perspectiva de luta e como prática espontânea, tende à destruição das estruturas tradicionais, que criam obstáculos para uma verdadeira liberação do trabalho. Trata-se, desde já, de *acumular outro capital*, o da inteligência coletiva da liberdade, capaz de guiar as singularidades para fora da ordem serial e unidimensional do capitalismo. Trata-se igualmente de apoiar os processos de emergência e de ampliação dos projetos de liberação, ou seja, de uma reconquista do controle sobre o tempo de produção, que é o essencial do *tempo da vida*. A produção de novas formas de subjetividade coletiva, capazes de gerir as revoluções informáticas, comunicacionais, robóticas e a produção difusa segundo finalidades não capitalistas, não diz respeito, em absoluto, à utopia. Ela se inscreve na atual encruzilhada da história como um de seus desafios primordiais; na capacidade da humanidade de se descolar de seus velhos campos de inércia para transpor o muro dos saberes e dos poderes ligados às velhas estratificações sociais.

Considerado desse ponto de vista, o comunismo é fundação e reconhecimento de novos modos de vida comunitários e liberação da singularidade. *Comunidade e singularidade não se opõem*. A edificação do mundo novo não opõe os processos de singularização ao enriquecimento das potencialidades coletivas. Essas duas dimensões são parte integrante da liberação do trabalho. A exploração do trabalho, enquanto essência geral, produz generalidade; mas enquanto processo libertador e criativo, o trabalho produz modos de ser singulares, uma proliferação de novos possíveis. O rizoma dos processos autônomos e singulares que ele pode constituir se enriquecerá infinitamente mais sobre o terreno de uma nova coletividade que sob o jugo da sobrecodificação capitalista.

O comunismo não é coletivismo cego, redutor, repressivo. É a expressão singular do devir produtivo das coletividades que não são redutíveis, que não se remetem umas às outras. E esse devir implica a reposição contínua, a defesa, o reforço, a ampliação, a reafirmação permanente desse caráter singular. Também nesse sentido, qualificaremos o comunismo como *processo de singularização*. O comunismo não poderia de modo algum ser reduzido a uma adesão ideológica, a um simples contrato jurídico ou a um igualitarismo abstrato. Ele se inscreve no prolongamento de um confronto que atravessa a história de acordo com linhas sempre novas, desde que aí se encontrem postas em causa as finalidades coletivas do trabalho.

Numerosas *alianças de um novo tipo* já estão maduras nesse terreno. Elas começaram tateantes na fase espontaneísta e criativa que se desenvolveu paralelamente à grande desagregação-reagregação que testemunhamos a partir das três últimas décadas. Para melhor identificar e apreciar sua importância, distinguiremos:

— *os antagonismos molares* que se exprimem sobre o plano das lutas contra a exploração, pela crítica da organização do trabalho e pela perspectiva de sua liberação;

— e *a proliferação molecular* de processos singulares que transforma irreversivelmente as relações dos indivíduos e das coletividades com o mundo material e o mundo dos signos.

Progredir no terreno dos antagonismos molares contra as formações de poder capitalistas e/ou socialistas pode contribuir de maneira decisiva para o amadurecimento das mutações relativas aos arranjos produtivos. E vice-versa! Mas o desafio que a estruturação e os modos de subjetivação da força coletiva de trabalho constituem permanece primordial: é o terreno no qual, em última instância, se registra a destruição do capitalismo e/ou do socialismo bem como a instauração de uma sociedade voltada para a liberação de novas singularidades, que estão assim na posição de serem tanto meio quanto conteúdo da revolução. Arranquemos o sonho glorioso do comunismo das mistificações jacobinas e dos pesadelos stalinistas, devolvamos-lhe a sua potência de articulação e de aliança entre a liberação do trabalho e a geração de novos modos de subjetividade.

Singularidade, autonomia e liberdade são as três linhas da aliança que vão se entrelaçar no novo punho erguido contra a ordem capitalista e/ou socialista. É a partir delas que, desde já, poderão ser inventadas as formas adequadas de organização para a emancipação do trabalho e para a liberdade.

2
A revolução começou em 68

A produção socializada

Não é necessário ler a borra de café para perceber que *o ciclo da revolução foi reaberto em 1968*, atingindo um de seus pontos mais intensos. O que era apenas uma indicação em 1917, o que as lutas de liberação nacional não conseguiram instaurar de maneira durável, 1968 atualizou como possibilidade imediata da consciência e da práxis coletiva. Sim, o comunismo é possível. Mais que antes, é verdade que ele assombra o velho mundo.[4] Em 1968 foi posta à plena luz a fragilidade dos "contratos sociais" sucessivamente instaurados para conter os movimentos revolucionários do início do século, os que se seguiram à grande crise de 1929 e os que presenciaram e se seguiram à Segunda Grande Guerra imperialista. Independentemente do ângulo sob o qual são considerados, é incontestável que esses eventos revelaram que tal contratualização não eliminou ou superou as contradições antagonistas dos sistemas capitalísticos.

Examinemos então as três séries de transformações materiais que concernem à *qualidade*, às *dimensões*, e à *forma* do "produzir" capitalista, esforçando-nos por destacar o

---

[4] "Um espectro ronda a Europa — o espectro do comunismo", diziam Friedrich Engels e Karl Marx na abertura do *Manifesto comunista*. [N. T.]

novo "dado" objetivo com o qual os agenciamentos revolucionários se defrontarão nos próximos anos.

A *qualidade do produzir*. A luta entre as classes proletárias e as dos patrões capitalistas e/ou socialistas provou um contexto de produção cada vez mais integrado e massificado. A impossibilidade de controlar racionalmente as crises, que revelava a persistência de uma bipolarização social dos poderes, incitou o projeto de uma gestão relativamente planificada — ou ao menos fortemente centralizada — das economias capitalistas e/ou socialistas.

Nesse cenário, a lei do valor não encontrava mais a sua encarnação nas semióticas monetárias e econômicas como simples proporção entre quantidades de trabalho concreto, mas como massas de trabalho abstrato, desterritorializado em graus diversos e integrado a fatores de tempo humano de trabalho diretamente assujeitados à produção, aos "capitais" de conhecimento coletivo, de formação, de disciplina e de equipamentos tecnológicos e informáticos cada vez mais sofisticados e integrados em escala planetária. Nesse contexto, as classes operárias foram pouco a pouco reconvertidas em classes de consumo. Para atingir esse objetivo, o capital mais ou menos socializado teve que avançar consideravelmente *os processos de cooperação no seio da força de trabalho coletiva*. A sociedade, por sua vez, tornou-se uma grande fábrica em que o capital negociava as taxas de rendimento com a classe operária organizada em sindicatos. Essa *desterritorialização dos processos produtivos*, essa assimilação progressiva da sociedade à lógica de desenvolvimento capitalístico mudou fundamentalmente a qualidade do produzir. A intensificação e a diversificação dos sistemas de garantia de recursos (salário diferido,⁵ previdência social, seguro-desemprego, salário-família, pensões etc.) tornaram-se por um tempo uma espécie de sonho social. A produção permanecia fundamentalmente social e a desterritorialização dos componentes produtivos, que operavam em alto nível de abstração no interior das fábricas, foi transferida para o resto da sociedade. Em contrapartida, um caráter reforçado de *socialidade imediata* foi conferido *à produção*. O grau de pertencimento às diferentes engrenagens da sociedade se tornou a qualidade produtiva essencial.

Estabeleceu-se uma equação entre a participação na produção e a participação nas máquinas sociais, instaurando ao mesmo tempo promoção e exploração. A reivindicação política de participação foi profundamente alterada por essa equação: chegou-se a uma situação em que a consciência de classe produzida pelas revoluções do século passado foi expandida e transformada em consciência social. Todo o esforço do patronato, que não ignora em nada essa socialização, consiste em mantê-la — seja por via democrática, seja por via totalitária — no quadro de instituições e regras de repartição do produto social que lhe permita reproduzir e reforçar a sua *posição de comando*, de modo que ela se transfira do plano imediatamente econômico ao plano político.

---

⁵ O salário diferido designa a indenização paga a menores de idade que trabalharam sem remuneração em propriedades agrícolas familiares. [N. T.]

Porém, antes de examinar as consequências dessa transformação do comando, convém insistir em outro aspecto essencial da transformação das modalidades do produzir. O fato de que a socialização se tornou uma qualidade essencial não deixou de concernir igualmente à *dimensão da produção* como tal. A socialização, mais que uma qualidade formal, tornou-se também uma qualidade substancial. Isso pode ser constatado, por exemplo, na perda de independência do mundo camponês, ou na absorção do setor terciário nos processos de mecanização rígida e na regulamentação funcionalista da produção social. Até então, a produção industrial associada ao modo capitalista e/ou socialista de organização do trabalho não havia tomado posse das estratificações sociais senão do exterior.

A grande deflagração antagonista de 1968 mostrou que as novas modalidades de produção investiam a *esfera da reprodução*. Antes o mundo da produção dizia respeito ao valor de troca, e o da reprodução ao valor de uso. Tudo isso acabou. A este respeito, os movimentos desse período podem ser considerados como um resultado necessário. A família, a vida pessoal, o tempo livre e talvez mesmo a fantasia e o sonho, tudo apareceu doravante assujeitado às semióticas do capital, conforme regimes de funcionamento mais ou menos democráticos, mais ou menos fascistas, mais ou menos socialistas. A produção socializada foi capaz de impor a sua lei na esfera da reprodução em quase toda a superfície do planeta e o *tempo da vida humana* foi completamente vampirizado pelo tempo da produção social.

Os eventos de 1968 se instauraram como tomada de consciência antagonista dessa transformação da qualidade social da produção e dos procedimentos de trabalho. Eles revelaram de maneira caótica, mas convincente, a contradição fundamental que essas transformações suportam, a saber, a de conferir uma imensa força produtiva à humanidade ao mesmo tempo em que lhe impõe um novo destino proletário — o do expropriado permanente, do fatalmente desterritorializado, do "não garantido", não só no interior do *socius* como também no registro das referências inconscientes. Generalizando a exploração para todos os níveis da sociedade e da vida humana, essa *redefinição do produzir* gerou cargas adicionais de sofrimento e pôs à luz *novos tipos de conflito político e micropolítico*.

Essas formas integradoras, totalizantes e totalitárias do produzir transformam os velhos modos de escravização econômica em assujeitamento político e cultural, esforçando-se para reduzir à impotência toda resistência às pretensas necessidades econômicas. Mas é precisamente a transferência dos objetivos totalitários ao plano mais molecular que, por sua vez, engendra novas formas de resistência no nível mais imediato e que dá todo o seu relevo às problemáticas da singularidade individual e coletiva. Em 1968, essa nova "reatividade" se exprimiu sob a forma de um gigantesco curto-circuito. Inútil tentar mistificar esses eventos, como tentaram fazer os mentecaptos da recuperação; inútil, nesse caso, estigmatizar o retorno das monções de irracionalidade! Ademais, o que podem significar as referências à racionalidade num mundo cujo funcionamento é estreitamente submetido ao capital, que conserva como seu elemento constitutivo um ponto de maximização da irracionalidade? A questão que se põe desde 68 concerne sobretudo ao modo de constituir uma relação libertadora e criativa entre felicidade e razão instrumental.

A partir dessa data, verificou-se igualmente a *inversão do ciclo de lutas por liberação do colonialismo* e do subdesenvolvimento, e a aparição das tentativas de modernização interna dos setores mais dinâmicos das burguesias capitalistas e/ou socialistas. Contudo, há um abismo entre essas tentativas ideológicas e a realidade da exploração e das novas formas de resistência sobre o terreno concreto.

1968 exprime a reabertura material objetiva e a cristalização da consciência crítica das mutações que intervieram no seio da força de trabalho e do modo de produção. Essa tomada de consciência surgiu primeiro como rebelião e abertura de possibilidades diferentes em relação àquelas do crescimento econômico, de seu impasse, de sua crise e dos reflexos de rejeição que lhe têm acompanhado. A força essencial de 1968 residiu no fato de que, pela primeira vez na história das revoltas humanas contra a exploração, *o seu objetivo não foi uma simples emancipação, mas uma verdadeira liberação*. Os movimentos surgiram num nível de globalidade que só um tipo de tomada de consciência correspondente ao engajamento em um processo histórico de singularização podia assumir. Pela primeira vez nesse grau de intensidade os macrocosmos molares e os microcosmos moleculares começaram a *coincidir* no interior do mesmo turbilhão subversivo.

1968 marca então a reabertura do ciclo revolucionário. Não pela repetição vazia das velhas palavras de ordem, mas pela intervenção de novas perspectivas de ação mediante a redefinição do comunismo como enriquecimento, diversificação da consciência e da comunidade. Decerto, esse movimento continua inseparável do desenvolvimento das lutas sociais anteriores e da realocação da capacidade de resistência e de ofensiva dos patrões, mas naquele momento foi produzido um *salto qualitativo* de importância histórica. A implementação de uma imensa energia coletiva e a constituição de uma espécie de cíclotron que acelerasse os pensamentos e os afetos foram necessárias para que se tornasse possível, nesse nível de radicalidade e de singularização, um tamanho movimento de revolta de parte significativa da população global. Em 1968 nasceu uma revolução digna dos mais autênticos desejos da humanidade.

Para além do político

A partir desses eventos, a recusa da organização capitalista e/ou socialista da acumulação para o lucro através do trabalho social vivo foi também encarnada e imposta no terreno político. A *contestação* que emergiu de uma multiplicidade de conflitos singulares *chocou-se frontalmente com o poder político* que geria a produção social. Foi assim que 1968 revelou a natureza revolucionária do movimento. A política tradicional estava *totalmente defasada* e incompatível com o grande movimento de transformação da subjetividade coletiva. Ela só conseguiu apreendê-lo *do exterior*, em termos de bloqueio, de repressão e, em última análise, de recuperação e de reestruturação autárquica. Mas com esse menosprezo e essa denegação, ela apenas revelou a sua impotência.

Hoje a política não é mais que a expressão do domínio de estruturas mortas sobre os *phylums* da produção viva. Outrora, no término de grandes períodos revolucionários, a história testemunhou *restaurações políticas* similares, que tinham como único objetivo encobrir a fundamental ausência de legitimidade das elites que retomaram o poder. Os príncipes que nos governam parecem ter retornado, da maneira mais caricatural possível, às mesmas cenas perversas e vazias, aos mesmos círculos viciosos dos dias que se seguiram à Grande Revolução e às epopeias napoleônicas. Basta mencionar aqui *A Cartuxa de Parma*.[6] A exclamação de Hegel vem à mente: "certamente este templo carece de religião, a Alemanha de metafísica, a Europa de humanidade, o reformismo de imaginação…".

[Por outro lado, a imaginação coletiva permanece viva, mas não pode mais conceber o político fora dos paradigmas e dos agenciamentos de transformação que começaram a surgir em 68].[7]

---

[6] Romance de Stendhal, publicado em 1841. Tem como pano de fundo as cortes europeias do período napoleônico. [N. T.]

[7] Colocamos essa sentença entre colchetes porque, embora marque uma contraposição em relação ao parágrafo anterior, os parágrafos que lhe sucedem desenvolvem o tema introduzido naquele. [N. T.]

Isso é evidente, antes de tudo, quanto à *esquerda tradicional*. Os partidos comunistas históricos, prisioneiros das velhas figuras de produção, não conseguiram sequer imaginar a força revolucionária do modo de produção social que estava emergindo. Incapazes de abandonar o modelo centralista de organização e o paradigma da "vanguarda" separada das "massas", ficaram desorientados e amedrontados frente a autoprodução organizativa desse tipo imprevisto de movimento social. Fiéis ao destino unidimensional do movimento reformista, a irrupção de novos desejos no terreno da produção e da reprodução foi vivida por eles como uma catástrofe e literalmente os deixou paranoicos. O mesmo vale, ainda que em menor medida, para a social-democracia.

Nos países do "socialismo real" a reação foi da mais extrema brutalidade, enquanto nos *países ocidentais* ela foi mais insidiosa, manobrada, cheia de compromissos. Em todos os casos, encontram-se as mesmas constantes:

— *conservadorismo social*, combinado com o recurso sistemático ao corporativismo para canalizar as lutas;

— *reação política*, combinada com o recurso sistemático ao poder do Estado e às estruturas tradicionais para restaurar a legitimidade das velhas "elites";

— *esquadrinhamento da subjetividade coletiva*, combinada com o recurso cada vez mais intensivo aos meios de comunicação de massa, aos equipamentos coletivos e ao *Welfare State*.

De fato, os partidos de esquerda foram profundamente atravessados pelos efeitos devastadores do movimento de maio de 68 e mais ainda pelos movimentos coletivos-singulares que têm caracterizado as lutas de transformação social desde então. Quanto mais caíam as velhas relações de conflito e de compromisso que a esquerda regulava há décadas e que constituíam o único fundamento de sua "legitimidade", mais ela se agarrou às estruturas estatais tradicionais. Mas, paralelamente, tais estruturas também foram profundamente abaladas pelas consequências de 68! Portanto, era o conjunto da velha política politicante que não conseguia mais esconder o seu rosto cadavérico. *As estruturas constitucionais e institucionais* dos países desenvolvidos do Ocidente e do Oriente foram duplamente minadas: *do interior*, por sua profunda inadequação; *do exterior*, por novas formas de protesto proletário, encarnadas na imensa massa de excluídos e de "não garantidos" por esse tipo de sociedade, e pela multidão de minorias que a rejeitam ativamente. Nenhuma tentativa de renovação despontou, nem de um lado nem do outro.

Toda perspectiva de capitalismo "progressista" que tivesse implicado maior participação das massas populares foi sistematicamente bloqueada. As estruturas constitucionais democráticas ou totalitárias, capitalistas e/ou socialistas decerto sofreram algumas modificações, mas todas em termos negativos, todas mais ou menos inscritas no *mesmo registro de sua separação* em relação ao movimento do qual elas sofriam os efeitos, e sempre mistificando os critérios de funcionamento da representação política.

O poder se esforçou para responder com *mecanismos de substituição e de previsão* a essa decadência das instâncias de representação das forças populares, desempenhando um papel de simulação simbólica, adaptação e controle. No momento em que a sociedade revolvia a produção e em que a organização do trabalho e da vida cotidiana, sob todos os seus aspectos, revelava a sua natureza profundamente política, essa natureza foi reprimida, negada, manipulada. É um governo gótico aquele que pretende manter unicamente como seu próprio horizonte as visões do castelo e da corte, apartadas de toda a vida real, e dos pequenos universos aristocráticos, incapazes de discernir as novas aspirações de liberdade ao seu redor, as novas territorialidades que requerem autonomia. Mas como definir essas mesmas aristocracias políticas quando, custe o que custar, elas pretendem governar de suas fortalezas um modo de estratificação social cujos princípios perderam toda consistência, substituindo-os por uma arrogância universal e uma implacável crueldade?

A doença, a corrupção, a peste e a loucura proliferam nesse universo fechado, como nas casas dirigentes do Antigo Regime. Mas seu tempo está contado: é aquele do interregno entre a sua agonia e o momento em que as novas potencialidades históricas conseguirão se atualizar. A paralisia das estruturas políticas e as "dificuldades" governamentais dela resultantes constituem ao mesmo tempo os sintomas e as características específicas das formações de poder moribundas, incapazes de adequar qualquer política aos movimentos da sociedade.

É incontestável que esses problemas surgiram a partir dos movimentos dos anos 1960. Com efeito, ali o ímpeto lancinante das lutas sociais colocou-se no primeiro plano do palco da história. Depois, como veremos, as tentativas de retomar o controle da situação foram numerosas, mas todas sem efeitos profundos, pois a *crise do político* não se reduzia a meras disfunções econômicas independentes do político, como a direita mais reacionária queria acreditar, mas resultava da incapacidade de transformação das instituições. A crise do político tem suas raízes no social. O silêncio atual das formas de oposição política corresponde a uma espécie de interferência cega, de neutralização que se instaura transitoriamente entre os diversos componentes da produção social que, além disso, estão em plena agitação e mutação. A chamada "morte do político", de que nos enchem os ouvidos, é na verdade apenas a expressão de um mundo novo que está tomando forma e que busca dar consistência a diferentes modos de autovalorização material e cultural — seja de maneira totalmente exterior, seja nas franjas das formações de poder dominantes que, em todo caso, lhe são antagônicas.

Portanto, é um mundo em plena mutação que começou a se expandir em 68 e que, desde então, através de transformações incessantes, de falhas e de sucessos de todos os tipos, esforçou-se em urdir uma rede inédita de alianças no seio da multidão de componentes singulares que se ligam a ele. *Esta é a nova política*: a exigência da requalificação das lutas de base para a conquista contínua de espaços de liberdade, de democracia e de criatividade. E, o que quer que digam os militantes e intelectuais "desiludidos com tudo isso", não há nada de anacrônico, nada de retrô, nada de anárquico nessa perspectiva, que precisamente tenta apreender as transformações sociais contemporâneas — incluindo as contradições que as caracterizam — a partir das atividades produtivas, dos desejos, e das necessidades reais que as regem. Completamente irracional e louco, em contrapartida, é o poder estatal assim como ele evoluiu desde os anos sessenta, num tipo de stalinismo lunar que só multiplica ao infinito sua rigidez e sua paralisia institucional. A vontade feroz da "morte do político" é encontrada apenas nos *Palais des Glaces* do poder.

Mesmo vazio e mistificador, esse tipo de poder possui uma eficácia preocupante. Assim, não se pode subestimar e tampouco mascarar a imensa massa de dor e de angústia que ele encerra em seu cinismo e indiferença tecnocrática: insegurança da vida cotidiana, precariedade do posto de trabalho, fragilidade das liberdades civis e, talvez e acima de tudo, impossibilidade de dar um sentido individual ou coletivo à vida, interdição de fato à emersão de todo projeto comunitário, à instauração de qualquer "devir criativo" segundo o seu próprio regime. Essa dor ligada à falta de humanidade da subjetividade capitalística pode ser convertida numa gama infinita de reações de rejeição ou de sintomas paradoxais: inibições e evasões de todos os tipos, mas também sabotagem e reversão da recusa em ódio. Esse movimento de vaivém encontra seu próprio limite quando o medo da destruição se articula à consciência da loucura do poder e quando a própria dor se faz vertigem de abolição. É essa vontade feroz de morte, sob todas as suas formas, que constitui hoje a natureza do político e a verdadeira razão da dor humana.

As novas subjetividades

A partir dos anos sessenta, *novas subjetividades coletivas* se afirmaram no palco das transformações sociais. Dissemos que elas se devem às modificações da organização do trabalho e às transformações da sua qualificação social; tentamos mostrar que os antagonismos que elas trazem consigo não são mais recuperáveis no horizonte da política tradicional. Mas resta-nos mostrar que a inovação sessentaeoitista deve ser aprendida sobretudo no *universo das consciências, dos desejos e dos comportamentos*. É nesse nível que as mudanças se tornaram propriamente *irreversíveis*. Os novos modos de subjetivação literalmente deslocaram os velhos cenários da luta de classes, instaurando-se nas raízes imaginárias e cognitivas das novas dimensões do produzir, transmutando a tomada de consciência que lhes corresponde em ato de vontade transformadora. Os processos de singularização do desejo apoiaram-se assim em práticas coletivas que, desde então, constituem novos territórios políticos. Sua dramática e tumultuosa afirmação pôs em causa nosso "viver" social e o promoveu a alicerce de uma mais alta expressão subjetiva do conjunto dos sistemas de produção material e semiótico. *Sua contestação da propriedade pri-*

vada é uma negação radical de todas as formas de coletivismo cego das empreitadas capitalistas e/ou socialistas e sua recusa do trabalho comandado exprime a vontade de uma *produtividade social mais alta*.

Trata-se de romper toda relação de necessidade entre esta e a massificação da subjetividade social; trata-se de reduzir essa relação a um paradoxo no qual a miséria de tal massificação seja forçada a confrontar-se com os processos mais singulares de subjetivação. O comunismo não tem nada a ver com a barbárie coletivista que se nos tem exibido! O comunismo é a experimentação da subjetivação mais intensa, é a maximização dos processos de singularização suscetíveis de vir ao mundo a partir das nossas matrizes coletivas. Nenhuma universalidade do homem pode ser extraída da abstração nua do valor social.

Não se trata nem mesmo disso, mas da manifestação do singular como multiplicidade, como mobilidade, variabilidade espaço-temporal e criatividade. Tal é hoje o único valor a partir do qual se pode *reconstruir o trabalho*. Um trabalho que não pretende se cristalizar sob a forma de propriedade privada, que não considera os instrumentos de produção como fins em si mesmos, mas somente como meios para a felicidade da singularidade e para a sua expansão em rizomas maquínicos — abstratos ou concretos. Um trabalho que recusa o comando hierárquico e que, desse modo, põe o problema do poder; que ilumina as funções de artifício e de exploração da sociedade e que recusa todo compromisso, toda mediação entre a sua própria existência e a produtividade. Tudo isso implica refundar o conceito de trabalho no interior das transformações e dos agenciamentos de produção e no quadro das práticas imediatas de liberação. As novas modalidades da subjetividade coletiva consolidam essas qualidades e esses desejos mutantes relativos à produtividade. Essa nova produção de subjetividade doravante concebe o poder exclusivamente como horizonte de liberação coletiva das singularidades e como trabalho polarizado sobre essa finalidade — em outras palavras, como autovalorização e autoprodução das singularidades.

As lutas sociais que explodiram em 68 e nos anos seguintes conferiram uma grande força à tomada de consciência dos estudantes e dos jovens, dos movimentos de mulheres, dos movimentos de defesa e reconquista da natureza; à reivindicação das diversidades culturais, raciais, sexuais e também às tentativas de renovação das concepções tradicionais da luta social, a começar por aquela dos trabalhadores. Tem-se falado demasiadamente de *marginalidade* a respeito dessas experiências. É verdade que a marginalidade foi rapidamente lançada para o centro e que as reivindicações das minorias só com dificuldade têm conseguido se desligar daquelas do "lamaçal". No entanto, seguindo o seu próprio curso e articulando o seu próprio discurso, cada uma delas representa *potencialmente as necessidades da imensa maioria*.

Potencialmente, mas de modo não menos eficaz! Investindo toda a sociedade, a socialização produtiva tentou dar um caráter de universalidade aos indivíduos, às comunidades e às suas relações recíprocas. Mas essa universalidade de que foram paramentados em nada lhes convém! Não se trata de um chapéu bem ajustado, mas antes uma máscara, um capuz que apenas desfigura a expressão de suas necessidades, interesses e desejos. Não é um paradoxo enunciar que *somente as marginalidades são capazes de universalidade* ou, se preferirem, de movimentos criadores de universalidade. Os "universais" políticos não portam nenhuma verdade transcendente, não são independentes dos jogos de valorização econômica, são inseparáveis dos territórios particulares de poder e de desejo dos homens. A universalidade política, então, não saberia se desenvolver através da dialética amigo/inimigo, como as tradições reacionárias e jacobinas igualmente prescrevem. A verdade "ao alcance do universo" se constitui pela descoberta do *amigo* em sua singularidade, do *outro* em sua heterogeneidade irredutível, da *comunidade* solidária a respeito de seus valores e finalidades próprias. Tais são o "método" e a "lógica" das marginalidades, que assim são o signo exemplar de uma *inovação política* adequada às transformações revolucionárias exigidas pelos arranjos produtivos atuais. Toda marginalidade, apostando em si mesma, é então portadora potencial das necessidades e dos desejos da imensa maioria.

Antes de 68, *o problema da reprodução* era marginal em relação ao da produção. *O movimento de mulheres* o tornou central. Quando as questões relativas à *formação da força de trabalho abstrata e imaterial* eram laterais em relação à força de trabalho fabril, os *movimentos estudantis* as tornaram centrais, no mesmo nível das novas necessidades que a imaginação teórica e estética propunha. A consciência coletiva emergente é então reconhecida como a articulação nodal de uma multidão de marginalidades e singularidades; ela começou a verificar sua força à escala de uma experimentação social considerável, que não se fechava sobre si mesma, que não se "concluía", mas se abria ao desenvolvimento das lutas, à proliferação de processos coletivos de singularização, sobre os *phylums* infinitamente diversificados de sua transformação.

O imaginário da liberação começou, com maior ou menor sucesso, a se sobrepor e se impor às ficções das realidades dominantes. Suas linhas de sensibilidade coletiva, sua "nova doçura", sua capacidade de conjugar as preocupações mais imediatas com as dimensões sociais mais amplas demonstrou que as figuras emergentes da produção não eram inimigas do desejo, da liberdade e da criatividade, mas somente da organização capitalista e/ou socialista do trabalho para o lucro. São as finalidades humanas e os valores do desejo que agora devem qualificar e orientar a produção, não o contrário! Durante esse período, *a produção de liberação se tornou a primeira das finalidades*. Talvez leve ainda muito tempo para que se dê conta daquilo que então estava em jogo. Repetimos, não se tratava em absoluto de utopia, mas da realidade intrínseca do movimento social daquele período histórico. Talvez tenha sido o movimento das mulheres, com seu extraordinário poder de desenvolvimento que, a partir de 68, mais fez avançar a nova síntese do conceito de produção e de liberação social. Pela primeira vez com esse grau de lucidez a produção para o lucro e o trabalho para a reprodução da espécie foram revolvidos, revolucionados no terreno da mais extrema singularidade, aquela da "concepção" total da criança e da geração de uma nova doçura da vida.

Mas essa experiência formidável foi também um símbolo: a revolução era então compreendida como a otimização das singularidades, como a entrada na era da existência contra o desastre da situação atual e de suas formas de comando. *A corporeidade da liberação veio ao primeiro plano*. Insurreição dos corpos como expressão da subjetividade, como encarnação da materialidade dos desejos e das necessidades, como promessa futura da impossibilidade de separar de seus fins a natureza coletiva do desenvolvimento da singularização. Insurreição dos corpos como liberação efetiva das gigantescas forças produtivas que o homem até então sustentava contra si mesmo. 1968 representa a vertente subjetiva da produção; é uma "interpretação" em grande escala da sua textura social, que desloca, na qualidade de projeto singular de liberação, as suas problemáticas políticas precedentes no terreno da representação.

1968 é também uma magnífica reafirmação da democracia. Que ele tenha sido atravessado por um "rousseauísmo" ingênuo, que os últimos campeões do jacobinismo e de um leninismo desfigurado tenham, através dele, conseguido lançar um brilho tardio, não ofusca em nada a potência democrática do movimento considerado enquanto tal. Ele revelou que o proletariado, agora socializado e singularizado, não pode "compreender" o movimento político senão na condição de que seja fundado sobre os *agenciamentos democráticos em ato*. Isso não foi somente uma verdade teórica, mas uma afirmação histórica concreta: não há uma forma específica de liberdade que não seja ligada às finalidades do conjunto do movimento e vivida, "experimentada" por seus componentes. Esse novo "dado", de qualquer maneira, foi marcado ontologicamente nas gerações que sucederam 68. Quem hoje poderá pretender nos reenviar à escola do liberalismo anglo-americano e à sua ideia de mercado? O anticapitalismo e o antissocialismo se tornaram o único caminho para o renascimento da democracia.

3
A reação dos anos 1970: "no future"

O Capitalismo Mundial Integrado

A retomada da acumulação produtiva capitalista e/ou socialista nos anos 1970 e a restauração dos mecanismos de comando passaram por uma *reestruturação do poder*. A integração do político e do econômico, do Estado e do capital foi total. O processo se desenvolveu em duas direções.

Primeiramente, como integração transnacional, a nível mundial e sempre mais acentuado, das relações econômicas internacionais e de sua subordinação a um projeto de controle policêntrico e rigorosamente planificado. Chamamos de Capitalismo Mundial Integrado (CMI) essa figura de comando que agrupa e exaspera a unidade do mercado mundial, submetendo-a a instrumentos de planificação produtiva, de controle monetário e de sugestão política com características quase estatais. Junto aos *países metropolitanos* e diretamente dependentes, o capitalismo mundial integra nesse processo o *conjunto dos países* do socialismo real e, além disso, dispõe de instrumentos para a absorção da economia de numerosos países do Terceiro Mundo, repondo em discussão sua posição anterior de chamada "dependência periférica". Assim, o comando estatal e os Estados nacionais são submetidos a uma verdadeira desterritorialização. O CMI não se limita a recompor os fluxos e as hierarquias dos poderes estatais, em sentido tradicional, de acordo com novas formas de unificação. Ele gera funções estatais suplementares, que se expressam propriamente através de uma rede de organizações internacionais, de uma estratégia planetária dos meios de comunicação de massa, de uma rigorosa tomada de controle do mercado, das tecnologias etc.

Certamente, convém evitar qualquer visão ingênua e antropomórfica que levaria a descrever o CMI como a obra de um Leviatã ou como uma macroestrutura unidimensional de tipo marcuseano. Sua expansão planetária e sua infiltração molecular se dão através de mecanismos que podem ser extremamente flexíveis e até mesmo assumir uma figura contratual. As formas de direito que um e outro engajam remetem mais a *procedimentos contínuos* que a um direito substancial constritivo. Mas não se pode negar que é justamente esse *continuum* processual e regulamentar das relações que consolida a tendência centrípeta do sistema, diluindo e "negociando" o efeito das crises no tempo e no espaço, e reterritorializando relativamente todo processo singular.

Em *segundo lugar*, e como condição da constituição dessa integração mundial, a reestruturação visa ao *modo de produção* e ao conjunto dos componentes da *força coletiva de trabalho* que se relacionam com ele. Essa desterritorialização e essa integração se tornaram possíveis fundamentalmente graças à informatização do social. Assim, a exploração pode ser cientificamente articulada sobre toda a cena social e os mecanismos de formação do lucro podem ser controlados em sua articulação mais ampla. Nessas condições, a cadeia de produção industrial e comercial se estende ao social *não em sentido simbólico e formal, mas em sentido material*. A sociedade não é somente subsumida pelo comando do capital, ela é completamente absorvida pelo modo de produção integrado. As diferenças de produtividade e os vários graus de exploração podem então ser articulados de maneira flexível e difusa no interior de cada segmento geopolítico entre as regiões, os países e os continentes. A concorrência, elo principal do mercado burguês, já não tem muito a ver com esse processo de requalificação capitalista.

A informatização transnacional do social conhece apenas uma *concorrência*: a que ela pode suscitar *entre os trabalhadores* e entre os diversos estratos da classe operária e do proletariado. Assim, torna-se possível para o CMI implementar os dispositivos específicos de análise e controle das classes sociais, fazendo ruir as lutas ou pulverizando a sua potência onde o seu grau de politização é importante ou, inversamente, desencadeando-as de maneira controlada onde os problemas de "arranque" econômico e de reforma política são urgentes.

Como sempre aconteceu na história do capital, essa renovação das formas de comando pelo CMI caminha lado a lado com a redefinição das formas de extração do mais-valor (informatização dos processos de trabalho, difusão do controle social pelos *meios de comunicação de massa*, integração subjetiva pelos equipamentos coletivos etc.). E como sempre aconteceu na história da exploração das lutas operárias, esse salto adiante da *organização do trabalho e do Estado foi "antecipado" pelos movimentos de luta de classes.*

As formas de subjetividade social que emergiram em 1968 engendraram uma "tessitura" de lutas moleculares de liberação dirigidas a objetivos ao mesmo tempo imediatos e de longa duração, locais, cotidianos, triviais, e, não obstante, engajados com o futuro da humanidade em escala planetária. Essa operação, decerto, foi de uma complexidade extrema e, em muitos aspectos, impossível de "resolver" no quadro de uma única sequência histórica. Mesmo a dialética pseudoprogressista do capitalismo, triunfante nos dias que se seguiram à Segunda Guerra Mundial, foi completamente bloqueada aqui. Depois de 68, a dinâmica entre as diferentes funções do capital (constante e variável) e o face a face entre a classe capitalista e a força de trabalho social mudaram radicalmente de contexto devido à ascensão e à importância crescente dos agenciamentos de subjetividade e de sensibilidade cada vez mais heterogêneos. A lei do valor parou de funcionar — se é que alguma vez funcionou no modo como foi descrita — assim como as normas de proporcionalidade econômica e mesmo as modalidades habituais da simples exploração entre as forças sociais. Uma vez afirmada, a *hegemonia social das novas subjetividades proletárias* devia adquirir um caráter de irreversibilidade: nada poderia impedi-las de se revelarem; nada poderia lhes extirpar das referências de base das lutas futuras, quaisquer que fossem as relações de força ulteriores, os "altos e baixos", particularmente no *front* de sua afirmação pelos meios de comunicação de massa.

A reestruturação capitalista e/ou socialista não remete mecanicamente a leis mais ou menos racionais. Ela não é "científica" — qualquer que seja a sofisticação dos dispositivos teóricos e dos instrumentos de previsão que possui. *Ela é essencialmente repressiva.* A informatização do social é de tal maneira inseparável de sua automação e de sua militarização que a busca de informação tende a substituir sua produção sistemática. As zonas de importância estratégica, os circuitos de reprodução que suportam a vida e a luta são cada vez mais controlados, esquadrinhados e, se for o caso, reprimidos preventivamente, de modo que o tempo da vida se encontra estreitamente esmagado sob o tempo militar do capital.

O tempo do capital, isto é, a capacidade de traduzir qualquer sequência da vida em termos de troca e de sobredeterminação com a urgência e a necessidade das operações de quantificação econômica e de comando político; o terror, isto é, a capacidade de aniquilamento de todos aqueles que se recusam a se curvar: eis o que caracteriza a reestruturação das funções tradicionais do Estado e a expansão indefinida dessas funções sobre os gestos, a sensibilidade e os espíritos (por meio dos equipamentos coletivos, da mídia etc.). Tudo é implementado para *controlar os tempos singulares da vida*, para reduzi-los aos tempos capitalísticos, *sob a ameaça da aniquilação do ser.* A retomada da acumulação capitalista e/ou socialista nos anos 1970 teve que se realizar frente a um fundo de terror quando ficou claro que nenhuma lei, nenhuma outra normatividade poderia então se impor entre o capital e as subjetividades coletivas que começaram a proliferar nas malhas da transformação. É antes de tudo sob a égide desse terror que são paralelamente implementadas a integração do capitalismo mundial e a reestruturação informática da produção social. *O Estado nuclear tornou-se a figura central do CMI*. É sobre ele que se apoia o inventário de meios de aniquilação que fornecem uma armadura à ordem capitalística.

Hoje o clube de potências nucleares não só orquestra em grande escala a submissão do conjunto das nações e dos povos às redes multicêntricas que o constituem, mas também teleguia detalhadamente — suscita ou inibe, dependendo das circunstâncias — a multiplicidade de conflitos e ajustes de contas locais que envenenam a vida da humanidade. *No Terceiro Mundo*, desde o período da dita "descolonização", o conjunto desses conflitos se coliga a uma espécie de guerra mundial que não ousa dizer seu nome. Gradativamente, essa mesma função de terror nuclear sustenta o conjunto das relações de opressão, sobredetermina em todos os níveis, políticos e micropolíticos, as relações de exploração entre os grupos sociais. Assim, a intimidação e a ameaça se difundiram em todos os poros do *socius* — sem excluir, naturalmente, a ingerência direta — e conferiram aos poderes do CMI a capacidade de controlar os tempos independentes e criativos da vida e de transcrevê-los nos tempos da exploração social — sendo o ideal, quanto a isso, aceitar passivamente a miséria e a impotência política. O capital responde "*no future*"[8] *ao surgimento das novas subjetividades proletárias*; não obstante, elas põem o Estado na defensiva e algumas vezes constrangem-no a se reconstituir exclusivamente sobre o terror. Com efeito, todas as perspectivas de formação e de sobrevivência do CMI repousam sobre um imenso subterfúgio [*fuite en avant*] quanto a expansão de sua capacidade de destruição. É evidente que a integração forçada das subjetividades não ocorrerá no quadro e em harmonia com um projeto global de reestruturação, mas unicamente nas golilhas políticas e econômicas instauradas pelo Estado e pelo capital — a forma última dessa integração repousa sobre a possibilidade de anular a existência da espécie humana.

Nesse ponto, a questão de uma redefinição da democracia se coloca. Se é verdade que a palavra "comunismo" foi difamada, a palavra "democracia" foi desviada, mutilada. Da *polis* grega até as insurreições populares do Renascimento e da Reforma, das revoltas proletárias — paralelas às grandes revoluções liberais até as ondas de esperança exprimidas e então reprimidas no período das revoluções socialistas — a democracia sempre foi sinônimo de legitimação do poder pelo povo. Legitimação de caráter particular, porque sempre concreta, pontual, material, rompendo com a tradição da legitimação divina ou absoluta. *Com a democracia, a legitimidade é*

---

[8] Popular grito punk dos anos 1970 e 1980 cuja origem remete à música *God Save the Queen*, dos Sex Pistols, lançada em 1977. [N. T.]

antes de tudo humana, temporal e espacialmente definida. Com o CMI, nós somos todos assujeitados porque já não podemos localizar o poder. Caso tentemos remontar à sua origem, descobrimos que somos assujeitados num segundo, terceiro, enésimo grau... A origem do poder remonta sempre a um ponto mais alto e só nos damos realmente conta disso quando percebemos plenamente a amplitude da nossa impotência. As relações políticas ditas democráticas que vivemos dia a dia são, na melhor das hipóteses, apenas aparências enganosas, quando não nos lançam pura e simplesmente na dor ou no desespero. Tal é o traço comum, o axioma incontornável da reestruturação capitalista e/ou socialista do poder político.

Norte/Sul: terror e fome

Como começamos a vislumbrar, a reação capitalista e/ou socialista dos anos 1970 integra o mercado mundial segundo um projeto de exploração do trabalho e de controle político que evolui de maneira homogênea. A transição fundamental, a esse respeito, ocorre na época da iniciativa nixoniana[9] nos assuntos monetários e na política internacional. *Entre 1971 e 1973* testemunhamos uma série de operações que deram forma política à rede de exploração das multinacionais já implantadas no mercado mundial. A ascensão do dólar em relação ao padrão-ouro e a crise do petróleo articulam sob um mesmo comando monetário (subtraído a qualquer função de valor) as re-

---

[9] Referência a Richard Nixon, presidente dos Estados Unidos entre 1969 e 1974. [N. T.]

gras da organização do trabalho e da hierarquia produtiva no plano internacional. A crise do petróleo esvazia os caixas das nações e impele a unificação e a centralização financeira ao paroxismo.

Inicialmente, essa operação se apresenta na era Kissinger[10] como um estratagema de grandes dimensões. As divisões então conhecidas pelos políticos capitalistas e/ou socialistas eram sucessivamente repercutidas na Comissão Trilateral[11] e, então, nos acordos e cooptações no interior do CMI, ou seja, nos novos agenciamentos da vontade política de domínio.

É sobre essa base que se desenha a *cartografia política efetiva de exploração a nível mundial*. A integração capitalística determina certas polaridades fundamentais em torno das quais se movem subsistemas dependentes, rompendo parcialmente com as hierarquias de poder que sobrecodificam as lutas de liberação e as lutas de classes — o que lhes permite, no nível desses subsistemas, o luxo das operações de remanejamento por grandes zonas. No interior desse complexo jogo de sistemas multicêntricos, que desarticula os fluxos de luta e opera desestabilizações e/ou estabilizações estratégicas, consolida-se um modo de produção transnacional. Ao longo das nervuras desses conjuntos sistêmicos se encontrará a imensa iniciativa de produção da subjetividade informatizada que regula as

---

[10] Henry Kissinger, homem forte da política externa estadunidense entre 1969 e 1977. [N. T.]

[11] Fórum privado de discussão fundado em 1973 por David Rockfeller, um dos mais importantes banqueiros dos Estados Unidos, e composto por lideranças empresariais, políticas, intelectuais, sindicais e filantrópicas da América do Norte, Europa Ocidental e Japão. [N. T.]

redes de dependência e os processos de marginalização.

Por essa razão, a *classe operária* e o proletariado social produtivo dos países metropolitanos centrais se veem submetidos à concorrência exponencial do proletariado das grandes metrópoles do subdesenvolvimento. *O proletariado dos países desenvolvidos* está literalmente aterrorizado pelo *espetáculo do extermínio pela fome* que o CMI impõe nos países marginalizados (e frequentemente limítrofes). O *exército industrial de reserva*, dominado por uma nova lei do pauperismo absoluto, é atualmente constituído em proporções continentais. O comando capitalista e/ou socialista, multiplicado em subsistemas policêntricos subalternos, avizinha as taxas de exploração mais altas às zonas de miséria e de morte. As lutas de liberação, todavia, não foram militarmente e politicamente estranguladas. Mas, no contexto desses diversos subsistemas, o CMI não cessa de estimular guerras fratricidas para a conquista de graus intermediários de participação e integração. *O pobre, o mais pobre que si, tornou-se o inimigo*. Se a teoria um dia precisasse determinar qual é a base do poder e do comando sobre a vida dos homens, ela encontraria aqui um exemplo convincente, no fato de que o essencial do problema se revela estar na produção e na organização do trabalho, na assustadora voracidade capitalística que lhes estrutura em escala mundial e lhes escraviza no quadro de uma integração informática e midiática generalizada dos polos de dominação.

O pobre se encontra, de alguma maneira, duas vezes engendrado nesse sistema: pela exploração e pela marginalização e morte. O terror, que nos países metropolitanos se encarna como extermínio nuclear potencial, é atualizado nos países marginais como extermínio pela fome. É claro, todavia, que não há nada de "periférico" neste projeto; de fato, não há senão *diferenças de grau* entre a exploração; o esmagamento pela poluição industrial e urbana; o *Welfare*, concebido como forma de pousio das zonas de pobreza; e os extermínios de povos inteiros, como aqueles dos continentes asiático, africano e latino-americano.

Convém avaliar em sua justa medida o caráter de novidade das formas de controle do CMI. As estratégias de terror e de repressão tendem a ser cada vez mais *transversais*, pontuais, repentinas. Cada parcela de terra, cada segmento geopolítico tornou-se potencialmente uma *fronteira inimiga*. O mundo se transformou num labirinto em que cada um pode cair a qualquer momento, ao sabor das opções destrutivas dos poderes multinacionais. A política de poder do período de maturidade do capitalismo imperialista foi substituída por uma prática de pirataria que corresponde à fase atual de supermaturidade do capital. As frotas das superpotências atravessam os oceanos e os mares ao modo de Morgan ou de l'Olonnais.[12]

Preparemo-nos para o acerto de contas entre os submarinos dos flibusteiros nucleares capitalistas e/ou socialistas! Mas não é apenas nos âmbitos terrestres, marítimos e aéreos explicitamente militarizados que se desdobra a guerra permanente do CMI contra a sociedade

---

[12] Respectivamente, Henry Morgan e François l'Olonnais, célebres piratas que agiam nos mares caribenhos. [N. T.]

mundial. É também no conjunto dos âmbitos civis, sociais, econômicos, industriais... E aqui, igualmente, segundo as redes transversais, infinitamente variadas, dos operadores de poderes inimagináveis para os reles mortais, acima de qualquer pressão política ou sindical — ao menos em sentido tradicional — e no seio das quais estão interligados as multinacionais, as máfias, os complexos industriais-militares, os serviços secretos, e até mesmo "os porões do Vaticano". Em qualquer nível, em qualquer escala, todos os golpes são permitidos: especulações, rapinas, provocações, desestabilizações, chantagens, deportações em massa, genocídios... Nesta fase virulenta de decadência, o modo de produção capitalista parece reencontrar sua ferocidade de outrora intacta.

Todas essas modalidades se inscrevem no interior do mesmo *continuum de integração* da informação, do comando e do lucro. Se é verdade que durante um longo período as lutas planetárias de "liberação comunista" se desenvolveram — ao menos na imaginação dos revolucionários — *segundo o eixo Leste-Oeste*, deve-se admitir que *a contradição fundamental que hoje atravessa o modo de produção do capital integrado a nível mundial se distribui emblematicamente entre o Norte e o Sul*. Se a Praça Vermelha um dia representou um farol de esperança, o sistema socialista se tornou hoje o estágio supremo da degeneração do capitalismo e é parte integrante do eixo multivalente da exploração Norte-Sul. A reestruturação capitalista ou socialista dos anos 1970 suturou os velhos modos de produção uns aos outros, redistribuiu as funções de seus protagonistas e reorganizou a divisão da exploração em escala mundial.

Entre a *intelligentsia* ocidental, por razões estratégicas ou por velhas reminiscências maoístas, é de bom tom proclamar que os países do socialismo real e, particularmente, a União Soviética constituiriam uma ameaça maior que os Estados Unidos para a Europa e para os países do Terceiro Mundo. Não é o nosso ponto de vista. Não cremos que o Oeste seja preferível ao Leste! Na medida em que nos consideramos "cidadãos do mundo", não estamos interessados no antagonismo entre as duas superpotências. Perigosa, exaustiva, dramática, essa oposição, em certos casos, não é menos factícia, mistificadora, pois é sobredeterminada por um *acordo funcional fundamental* relativo à escravização da força produtiva do proletariado europeu e à apropriação de áreas de expansão e de provisão quase gratuita de matérias-primas e de força de trabalho em outros continentes.

Sem requerer, em "última instância", mais uma referência marxista, mas simplesmente à luz do bom senso e da percepção cotidiana das relações internacionais, parece-nos que o aumento atual da tensão Leste-Oeste tem por objetivo sobretudo mascarar o esmagamento pela fome e a destruição de povos inteiros, numa mesma febre de reprodução através do lucro que acomete as castas dominantes, tanto nos EUA quanto na URSS. A longo prazo, portanto: complementaridade e cumplicidade para estabelecer uma dominação comum, em escala planetária, sobre a divisão do trabalho e sua exploração.

E é precisamente nessa escala que "a missão civilizadora" do capital tem mostrado a sua ferocidade e o seu absurdo! A pobreza, a marginalização, o extermínio, o genocídio, se revelam as consequências últimas de um modo de produção que foi instaurado em simbiose, até então relativamente pacífica, com as lutas da classe operária dos países metropolitanos. Mas, em face da crise de seu próprio sistema de rentabilidade e à degradação de seus próprios princípios de legitimação, o capital agora é forçado a recorrer (e teorizar o recurso) a meios mais extremos. A era de supermaturidade do capitalismo revela a violência de suas origens em um clima de pânico devido ao enfraquecimento de suas motivações. A reestruturação capitalista do mercado mundial, operada a partir dos anos 1970, levou a uma *aceleração extraordinária dos processos de integração*, diferenciando seus efeitos sob a forma de crises paradoxais. Se não tem coroado os sonhos de promoção de uma civilização mais humana, a integração capitalística do mercado mundial, entretanto, mostrou a que nível poderiam ser elevados a crueldade e o cinismo do modo de produção capitalista. As tentativas de superação das contradições internas, geradas pela emergência de novas subjetividades coletivas fundadas na expansão do mercado, malgrado a cautela dos políticos de tipo kissingeriano ou carteriano,[13] não só não puseram fim à crise interna dos países metropolitanos centrais como a empurraram ao paroxismo e *"espalharam" os seus efeitos*

---

[13] Referência a Henry Kissinger, cf. p. 47, nota 10, *supra*, e a Jimmy Carter, presidente dos Estados Unidos entre 1977 e 1981. [N. T.]

devastadores em todos os pontos do planeta.

O espaço dominado pelo capital, dividido, fragmentado, segmentado, funcionalizado de acordo com a finalidade do seu comando se abre como novo terreno de resistência e de conquista. As armas extremas de extermínio e de marginalização *não conseguirão bloquear indefinidamente os processos de recomposição*, cuja vitalidade já se vislumbra. É importante salientar a correlação entre o nível alcançado pela reestruturação capitalística e a dimensão sem precedentes da crise da última década. Assim, pode-se constatar, duma parte, que, mesmo nas mais terríveis dificuldades, a nova dissidência social não deixou de pesar sobre a situação, de acelerar a crise e, doutra, que os instrumentos de controle capitalístico se revelam cada vez menos adaptados ao seu fim, cada vez mais ineficazes.

Não há dúvida que desde o verão de 1982 o ciclo de reestruturação, que começou entre 1971 e 1973, enfrentou um primeiro obstáculo decisivo quando os países mais endividados do Terceiro Mundo ameaçaram os consórcios bancários de provocar deliberadamente a sua própria falência em resposta à política sem precedentes de estrangulamento deflacionário que eles sofreram. Parece que então apareceu — e isso de forma irreversível — um novo tipo de processo de liberação e de auto-organização em grande escala. Voltaremos a isso adiante.

A direita no poder

O mecanismo de controle temporal e espacial das lutas, implementado ao longo dos anos 1970 durante a reestruturação do modo capitalista e/ou socialista de produzir, investiu as novas figuras da luta de classes. Onde a direita triunfou, o CMI conseguiu institucionalizá-las e fazê-las agir como motor da reestruturação. Como o ciclo reacionário dos anos 1970 nos mostra, os instrumentos utilizados pelo CMI para canalizar e até mesmo produzir a luta de classes no quadro da integração institucional residem: 1) na capacidade de implementar *sistemas transnacionais de concorrência* entre setores de classe; 2) no uso de *políticas monetárias deflacionárias* que aumentam o desemprego; 3) na *reconversão da política de Welfare*, rumo a um crescimento "controlado" da pobreza. Essa política é acompanhada de uma *repressão* pulverizada, molecular, de todas as tentativas de resistência e de livre expressão das necessidades. É essencial que o controle promovido por ela consiga tornar-se eficaz no imaginário coletivo, determinando assim uma situação de crise difusa dentro da qual ela se esforçará em separar: 1) a parte do proletariado com a qual as suas instâncias de poder esperam negociar uma garantia de reprodução e 2) a imensa massa de excluídos, dos "não garantidos". Tal divisão é multiplicada ao infinito e hierarquizada no mercado de trabalho, onde se verifica a concorrência entre os operários e, também, no "mercado social e institucional", onde todas as outras categorias da população são obrigadas a "valorizar-se".

Os acontecimentos revolucionários de 68, bem como as transformações materiais do modo de produzir, mostraram o papel determinante que a classe operária continuava desempenhando na cena social. O espírito de competição entre os operários foi então enfraquecido em prol da tomada de consciência dos objetivos revolucionários concernentes a um número crescente de categorias de oprimidos. Mas com o retorno da direita ao poder, ao longo dos anos 1970, viu-se uma *ressegregação da classe operária*, que se retraiu sobre as suas "vantagens adquiridas", garantias e *privilégios corporativos*. Temos assistido ao paradoxo de uma institucionalização que pré-forma uma classe operária inimiga de si mesma (desta vez, pode-se realmente falar de uma "nova classe operária"). Nesse contexto, as lutas foram condenadas a permanecer institucionais, a ser conduzidas pelo CMI, sendo frequentemente até mesmo reveladas como os melhores sustentáculos do conservadorismo político e social (em particular, no terreno molecular da subsunção do trabalho social pelo capital e contra a disseminação social das necessidades revolucionárias e dos desejos de transformação). Parece-nos essencial insistir neste ponto: hoje, Stakhanov, a dignidade superior do operário de mãos calejadas (de que Reagan tem saudades),[14] uma certa concepção da centralidade operária e todo o velho imaginário veiculado pelos sindicatos e pela esquerda, num desprezo sis-

---

[14] Respectivamente, Alexei Stakhanov, mineiro usado como modelo de trabalhador nas propagandas stalinistas graças à sua produtividade voluntariosa, e Ronald Reagan, presidente dos Estados Unidos entre 1981 e 1989. [N. T.]

temático pela imensa maioria do proletariado não garantido, esfacelam-se irremediavelmente.

O *"socialismo real" se tornou um instrumento privilegiado da divisão do proletariado metropolitano*, uma arma diretamente manipulada pelo conservadorismo capitalista. No entanto, isso não significa que a classe operária como tal não possa mais, no futuro, desenvolver as lutas decisivas na dinâmica das transformações sociais. Mas isso acontecerá *somente com a condição de que elas sejam radicalmente requalificadas pelas revoluções moleculares que as atravessam*.

De fato, a reestruturação capitalista e/ou socialista dos anos 1970 bateu de frente com as novas subjetividades revolucionárias, obrigando-as a interiorizar a sua consciência potencial e a passar pela cisalha dos sistemas de controle tecnológico e pelo esquadrinhamento de equipamentos coletivos sempre mais sofisticados. O objetivo fundamental do CMI tem sido alcançar um alargamento máximo da dimensão produtiva integrada a nível social e geopolítico, combinado à reintrodução da pobreza, da fome e do terror como instrumentos de divisão. A vitória da direita tem sido baseada na sua capacidade de neutralizar a recomposição dessa subjetividade revolucionária que está exposta à terrível dificuldade de reconstruir linhas de afrontamento unitárias contra a exploração. Essa virada reacionária conseguiu assumir, derrubar e explodir tudo o que em 68 se revelou como a nova potência do proletariado, a saber, o conjunto dos componentes sociais e das capacidades coletivas de articular a multiplicidade molecular de suas necessidades e de seus desejos. A divisão imposta por meio de instrumentos de violência econômica e institucional foi consolidada através da promoção de um simbolismo de destruição levado ao extremo. O *"exterminismo" se tornou o valor de referência por excelência.* Extermínio pela submissão ou pela morte como horizonte último do desenvolvimento capitalístico. A chantagem da morte é a única lei do valor que o capitalismo e/ou o socialismo conhece atualmente. Não nos deixemos tomar por esse realismo mortífero. "É justo revoltar-se!".

A inércia das organizações tradicionais do movimento operário, que permanecem prisioneiras da alternativa ilusória entre capitalismo e socialismo, foi então decisiva. Deve-se reconhecer que o desenvolvimento do modo de produção e a maturação da consciência coletiva superaram-nas completamente, mas em nada afastaram os seus efeitos de deriva, de mistificação e de paralisia de qualquer iniciativa para o movimento operário. A inércia dos movimentos sociais, revelada em numerosas situações, a incapacidade do movimento revolucionário de se reconstruir sobre bases politicamente novas, a impotência do processo de transformação de se impor plenamente, são essencialmente *condicionadas pelo monopólio da representação política e do imaginário que a aliança entre os capitalistas e socialistas selou há décadas.* Essa aliança se apoia na instauração do modelo do duplo mercado da força de trabalho: o dos trabalhadores garantidos e o dos não garantidos — o socialismo legitima apenas o primeiro. Isso resultou numa sociedade congelada, comparável àquela do Antigo Regime, mas igualmente insustentável a longo prazo, porque foi trabalhada por inúmeras forças moleculares, que exprimem a essência produtiva. Donde as suas temáticas lancinantes da segurança, da ordem e da repressão. Donde o seu *imaginário de urgência*, sua obsessão pela crise, a impressão que dá de não poder agir senão de acordo com as circunstâncias, sem olhar para trás, sem projeto coerente. Presos na mesma deriva, *capitalismo e socialismo* constituem atualmente os *dois pilares do conservadorismo* e, em certas situações mesmo da *reação fascizante*.

Ainda assim, uma nova revolução despontou em 68. Não são os fantasmas da "morte do político" ou da "implosão do social" que mudarão alguma coisa! A partir dos anos 1970, o capitalismo e/ou o socialismo foi forçado a exibir a sua falência em termos de progresso social, de gestão coerente das relações econômicas e sociais em escala internacional, de impulsão nas esferas vitais da criação tecnocientífica. Ele revelou ser o que é, a saber, um sistema feroz e irracional de repressão que atravanca o desenvolvimento dos agenciamentos coletivos de produção e inibe os movimentos de valorização e capitalização das riquezas que eles engendram. O mercado mundial, longe de responder aos princípios que o liberalismo pretende refundar, é apenas um instrumento de "subdivisão" da pobreza e da morte, um "urdimento" da marginalização e do disciplinamento planetário sustentado pelo terror nuclear.

Voltaremos invariavelmente a isto: a "razão" última do capitalismo e/ou socialismo é a tensão impossível rumo a um único paradigma, qual seja, o da paixão de abolição de tudo que não contribui para a manutenção do seu poder. Mas essa paixão também ameaça, do interior, a própria razão instrumental. Com efeito, a vontade de exclusão e segregação do CMI tende a voltar-se contra ele mesmo, ameaçando a consistência de seus próprios sistemas de comunicação política e reduzindo quase a zero as suas capacidades de apreciação objetiva das relações de força. Também pode-se temer que a era dos grandes paranoicos do poder se abre diante de nós! *Se é assim, o empreendimento de reconquista do significado do trabalho, iniciado em 68, identifica-se com o da liberação da vida e o da reconstituição da razão.* Para todos e por toda parte: promover as potencialidades trazidas pelas novas singularidades.

4
A revolução continua

A recomposição do movimento

No contexto da reestruturação da produção empreendida pelo CMI a partir de 68, as novas subjetividades revolucionárias aprenderam a reconhecer as *rupturas* impostas pelo inimigo, a medir sua consistência e seus efeitos. A primeira determinação fundamental do CMI consiste em, independentemente das segmentações sociológicas, produzir um modelo de subjetividade no mínimo *tripolar*, que atravessa sincronicamente o conjunto dos níveis coletivos inconscientes, das consciências pessoais e das subjetividades dos grupos de todas as escalas: grupos primários, etnias, nações, raças etc.

Esses três polos são: um *polo elitista*, que inclui tanto a camada dirigente e os estratos tecnocráticos do Leste e do Oeste quanto aqueles do Terceiro Mundo; um *polo garantido*, que atravessa as diferentes especificações de classe; um *polo não garantido*, que percorre igualmente cada estrato da sociedade.

Nessas condições, as novas subjetividades revolucionárias se chocam, desde o seu ponto de partida, com um desejo de paz, de segurança coletiva, de salvaguarda de uma reprodução mínima contra o desemprego e a miséria. Esse pânico infernal da falta de garantia pode ser reconhecido no interior dos três polos de subjetividade: entre as populações totalmente desamparadas; entre os estratos proletários já relativamente garantidos pelo trabalho assalariado ou pelo *Welfare*; e entre certas camadas da elite, cujo estatuto resulta sistematicamente precarizado. Evidentemente, a base essencial da produção contemporânea repousa na massa flutuante constituída por essa mistura e essa dosagem contínua de garantismo e não garantismo. *Os não garantidos são um ponto de apoio fundamental para o estabelecimento do poder capitalístico*; é a partir deles que as instituições de repressão e de marginalização encontram a sua consistência. *Mas, em contrapartida, eles assumem um papel social no interior do novo quadro do poder e da exploração em razão dos valores e do potencial produtivo de que são portadores.* Além disso, eles são os detentores de linhas de imaginação e de luta suscetíveis de catalisar os devires singulares, de atualizar outras referências, outras práxis, adequadas para romper a imensa máquina de controle e de disciplinamento da força de trabalho coletiva.

A história das lutas dos anos 1970 já esboçou o processo de recomposição e de liberação social. Naquela época, numerosas matrizes de ruptura foram postas em marcha pelos novos agenciamentos proletários. Qualquer que fosse sua diversidade, todas tiveram origem nas prodigiosas mutações de uma força produtiva social cada vez mais complexa, superpotente e desterritorializada, afirmando-se com uma evidência reforçada contra a normalização repressiva e a reestruturação executadas por meio da segmentaridade e da estratificação social. Essas *fases de luta* foram especialmente significativas como experiência de descoberta e de compreensão operária das cesuras e das sobrecodificações corporativistas impostas ao *socius* proletário, e como experiência de luta interna contra a violência com que o CMI constantemente tentou impedir o processo de inovação em diversas áreas. Assim, a segmentação tripolar do CMI viu-se recoberta por lutas internas àquelas de cada componente subjetivo. Como sempre aconteceu em cada fase da emergência de uma nova subjetividade social, sua qualidade, força e coesão foram autoagenciadas, resultaram de um *self-making* coletivo. A necessidade, a consciência e a produção se fundiram no seio desse processo. Os anos 1970, portanto, foram marcados pela *emergência contínua de momentos de ruptura*, sempre caracterizados pela problemática das novas subjetivações e por um esforço coletivo particular de redefinição da sua perspectiva, que contraponteavam as tentativas de reestruturação capitalista e/ou socialista.

Do 77 italiano ao *Große Bruch* na Europa Central (Alemanha, Suíça, Holanda), da Revolução Iraniana à epopeia do Solidarność e à retomada das lutas revolucionárias na América Central, até os movimentos de liberação de enorme envergadura que começam a romper no Cone Sul... Para onde quer que olhemos, encontramos as principais características do projeto. As lutas internas e antagônicas às políticas reacionárias de restauração se movem — seja contra a sua textura repressiva, seja no interior desses processos de subjetivação — como tensão unificadora e como perspectiva de autoliberação. As lutas revolucionárias jamais visaram com tamanha precisão a definição teórica e a implementação prática de uma orientação que repousa intrinsecamente sobre a subjetivação coletiva e que implica, por conseguinte, a liquidação de todas as ideologias de vanguarda externa. *A autonomia nunca se apresentou como objetivo principal com mais força.* Repetimos, não há nada de anárquico aqui, pois trata-se essencialmente de uma autonomia qualitativa, capaz de apreender a complexidade social dos movimentos e de acolhê-la como processo de convergência subversiva, centrado na qualidade da vida e na reconstrução comunitária das finalidades da produção. Trata-se também de, através dela, assumir a paz contra todas as formas de terrorismo e de impor a negociação de massa como a base de mobilização e de organização.

Naturalmente, é preciso estarmos muito atentos quando abordamos a questão das experiências e das iniciativas dos novos sujeitos. Frequentemente, durante os eventos que mencionamos (a partir do 77 italiano), a ação desses novos sujeitos tem sido apresentada em termos de hipótese, do ponto de vista teórico, e de função linear, do ponto de vista prático. Mais uma vez, corre-se o risco de cair na velha mitologia da "ação das massas". Trata-se de ilusões que resultam da decepção e do refluxo, provavelmente de modo inevitável. Mas não podemos fazer economia na elucidação teórica dessa questão. A luta teórica contra semelhantes ilusões conduzirá a uma aceitação sem reserva e sem impaciência da situação real, isto é, do fato de que a universalidade da proposta de transformação deve necessariamente se diluir na multiplicidade dos movimentos, nos momentos contraditórios que os caracterizam e no "longo prazo" do movimento da imaginação coletiva.

Antes de desenvolver esse ponto, devemos insistir no esforço construtivo que *os novos modos de subjetivação* já cumpriram numa cena profundamente modificada em relação à história e às tradições do movimento operário e revolucionário, em razão da expansão das competências e das performances dos agenciamentos de subjetivação envolvidos. Confrontado com a amplitude da produção de subjetividade totalitária pelos Estados capitalísticos, os agenciamentos revolucionários põem *o problema da qualidade da vida, da reapropriação e da autoprodução em dimensões igualmente vastas.* Através de um movimento multicéfalo e de uma organização proliferante, suas instâncias de liberação poderão revelar-se capazes de investir todo o espectro da produção e da reprodução. Cada revolução molecular, cada autonomia, cada movimento minoritário se unirá a um aspecto do real, exaltando as dimensões liberadoras singulares. Assim, elas romperão o esquema de exploração que o capital impõe como realidade dominante. É essa nova consciência do proletariado moderno, desterritorializado e flutuante que permitirá vislumbrar a ruptura das segmentaridades capitalísticas e reformular *não as "palavras de ordem", não o programa, mas as "proposições diagramáti-*

cas" do comunismo e da liberação. E é o caráter hiper-reacionário que tem tomado a reestruturação capitalista que explica a aceleração positivamente catastrófica que o movimento conheceu na virada dos anos 1980. Contudo, essa reestruturação não rompeu os pontos de emergência das novas subjetividades proletárias; ela simplesmente lhes comprimiu a elasticidade. Assim, muitos sinais nos indicam que, mais uma vez, o movimento está prestes a dar um passo adiante em frustrar os esquadrinhamentos repressivos que conseguiram bloquear sua força durante o último período.

Se agora voltarmos à tripartição proposta anteriormente e examinarmos como os processos de recomposição percorrem o polo elitista, o polo garantido, ou o polo não garantido, poderemos descobrir com que amplitude *o movimento de novas alianças* tem posto as suas premissas. Isso é imediatamente compreensível desde que se tome em consideração a fluidez das relações que a crise introduziu e não para de acentuar entre os garantidos e os não garantidos. Mas não é menos evidente quando se considera as articulações que o polo elitista mantém com os dois outros. Durante os últimos dez anos, muitos indivíduos que evoluem na administração e nos mais altos níveis das instituições do saber foram não só envolvidos num processo de precarização contínua de seu papel e de sua função, mas igualmente introduzidos a uma consciência crítica da legitimidade de seus *status*. A irracionalidade e a loucura das escolhas reprodutivas do CMI, a ameaça da corrida armamentista e da guerra nuclear, a vertigem da fome e do genocídio aprofundam as diferenças e geram clivagens, até empurrar certas elites dirigentes à recusa e à dissidência. Esse processo, tão frequentemente desfigurado e ridicularizado quando é explorado pelo mercado publicitário, não mostra menos a expansão da resistência de novas formas de subjetividade. Outrora, uma das palavras de ordem dos comunistas propunha a importação da luta de classes para o seio das instituições; hoje, constatamos mais modestamente que os novos sujeitos são capazes de exportar seus valores e suas referências antagonistas para os níveis mais altos da administração e das instituições do saber. Os processos da verdadeira dissidência não são recuperáveis; eles não são uma mercadoria que se possa dar de presente ao adversário!

De fato, a revolução continua. O *caráter de irreversibilidade dos processos realizados se afirma*. As novas subjetividades reagenciam a sua identidade política "assimilando" (isto é, semiotizando e fagocitando) os obstáculos postos pelo adversário — inclusive aqueles que tentaram lhe introjetar. As qualidades mutantes da força coletiva de trabalho, as forças vivas do proletariado urbano não garantido, a rede transfinita dos *agenciamentos de enunciação dissidentes* se instauram como protagonistas de um novo ciclo de luta.

A cesura terrorista

O desenvolvimento das novas subjetividades sofreu *profundas cesuras internas* no curso desse processo que remete, em primeiro lugar, ao modo de produção capitalístico descrito anteriormente e, igualmente, às convulsões internas dos movimentos. Todo período histórico pode ser afetado pelo nascimento de polos elitistas e por impulsos extremistas de autoexaltação que se desenvolvem em detrimento dos interesses dos movimentos que pretendem representar. Isso tem sido particularmente claro no período caracterizado pela tentativa do CMI de defender e de refundar o modelo de segmentação sistemática dos movimentos sociais e das ideologias.

O terrorismo talvez tenha sido a cesura mais profunda e mais insana que os revolucionários experimentaram ao longo dos anos 1970. Em face da pressão reacionária exercida pelo Estado e pelo CMI para bloquear o movimento de liberação, em face das tentativas de dividir e de fomentar a competição entre as diferentes categorias de explorados para fixar as relações sociais e constitucionais em níveis ultrapassados, e em face da rigidez cadavérica das formações do poder dominante, a raiva e a frustração tomaram setores inteiros do movimento. No contexto de ebulição molecular e de amadurecimento das novas subjetividades revolucionárias, *o Estado tem se interessado* em impor uma ordem molar de retorno a uma dicotomia social reforçada; ele começou a fazer uma grande ostentação de sua força, adotando medidas drásticas e desenvolvendo seus dispositivos de controle e de repressão altamente sofisticados. Ao mesmo tempo, o terrorismo de Estado começou a destruir indiscriminadamente toda dissidência existencial e política.

Nesse campo, o CMI realizou uma verdadeira mobilização das funções do Estado e encetou *um novo tipo de guerra civil*: não só por meios militares e policiais, por meio de leis de exceção, mas também por meio de uma guerra psicológica e informática e de estratégias políticas e culturais adequadas. Durante os anos 1970, esse tipo de guerra civil criou uma base favorável para o desenvolvimento da reação mais extrema. Para compreender o que se passou então, é preciso ter em mente a importância do que estava em jogo quando dos confrontos travados entre os novos desejos e necessidades coletivas, duma parte; e os diferentes componentes que trabalharam para a restauração e a reestruturação da produção e do comando, doutra. É verdade que a guerra civil frequentemente ofereceu ao Estado a oportunidade para dotar-se das forças e do estímulo para "reagir" a uma situação que já não controlava. Também os novos movimentos revolucionários têm tudo a ganhar ao reconhecer realisticamente as realidades dentro das quais eles se movem! Especialmente porque certos grupos podem ter a ilusão de serem capazes de controlar esse tipo de situação com os seus próprios meios, correndo o risco de se colocar no *terreno molar de confronto desejado pelo inimigo, identificando-se de alguma forma a ele*, inserindo corpos e bens nos moldes imaginários e nas armadilhas que o domínio político arma contra o movimento.

Os anos 1970, então, são aqueles de uma guerra civil, cuja escalada imposta pelo CMI conduziu a extermínios puros e simples, como o dos palestinos. Nesse contexto, não se pode negar que, às vezes, o terrorismo de origem operária e proletária tenha conseguido tomar a iniciativa, mas sem nunca sair do *círculo vicioso da sobredeterminação capitalística*. Em vez de reduzi-la, ele apenas reforça a vontade dos poderes dominantes de isolar, de "exemplarizar" e de neutralizar os conflitos. Por sua vez, a perspectiva do movimento revolucionário, correspondente às transformações históricas reais, é completamente outra! Como os novos componentes subjetivos podem conquistar espaços suplementares de vida e de liberdade? Como esvaziar de sua substância a potência do inimigo de atualizar outros tipos de força, de inteligência e de sensibilidade? Eis as suas questões!

De todos os pontos de vista, o terrorismo vermelho[15] foi *uma cesura desastrosa* para o movimento. Especialmente por causa da recuperação que ele fez das concepções centralistas, abstratas e ideológicas da *organização*. A sua busca insana por pontos centrais de confronto redundou num leninismo ossificado, desconectado de qualquer *phylum* histórico, completamente reduzido a uma interpretação estatal, tipo de referência paranoica que ele pretendia impor à recomposição da subjetividade proletária. *Nada é mais urgente que acabar com essa falsa alternativa.* Deve-se impedir o acesso desses absurdos mensageiros do passado aos territórios do movimento. O terrorismo vermelho tem apenas um destino: o fra-

---

[15] Por esse nome, os autores se referem aos movimentos contestatórios que optaram pelo terrorismo como forma de luta. É o caso, por exemplo, das Brigadas Vermelhas na Itália, do ETA no País Basco e do IRA na Irlanda. [N. T.]

casso e o desespero. Tem apenas uma função: atravancar o imenso potencial de liberação que se revelou no seio do difícil período de reação que atravessamos. À medida que foi dobrado aos ritmos históricos e às programações adversas, o terrorismo vermelho revelou ser aquilo que é: uma forma paradoxal de conservadorismo.

Mas as formações de poder capitalista não têm, ao mesmo tempo, "tomado as medidas" dos movimentos autônomos e secretado os "antídotos" capazes enfraquecê-los? É precisamente a essa questão que estão confrontados os militantes das gerações anteriores que, como de uma bruma, reemergem do grande desastre reacionário.

A cesura terrorista de origem proletária dos anos 1970 tornou-se insana e *mortalmente perigosa para a ascensão dos processos revolucionários que tinham começado a destotalizar, a desterritorializar as estratificações do poder em todos os níveis.* Assim, está claro que as ideologias que a alimentam devem ser fortemente rejeitadas, como tantos outros desvios que só fazem desnaturar e conduzir as lutas do movimento real à derrota. No entanto, é preciso reconhecer que essa onda terrorista, através de premissas e de respostas radicalmente falsas, pôs um problema verdadeiro: como ligar a resistência contra a reação à construção de um novo tipo de organização? A resposta correta a essa questão e a linha estratégica que dela decorre já estão no movimento, lá onde ele se constituiu de um modo institucional sem se perder nas trilhas da legitimação estatal. *Trata-se, portanto, de construir outra sociedade, outra política, outro movimento de mulheres, outro movimento operário, outros movimentos de juventude.*

"Outro", "diferente", "novo". Sempre as mesmas palavras, tão pobres para indexar os vetores de felicidade e de imaginação capazes de transtornar o mundo esclerótico onde a política não é mais que frustração e paranoia, onde a sociedade não passa do triunfo do conformismo, onde o movimento operário se atola no corporativismo, o movimento das mulheres na introjeção da subordinação, o movimento dos jovens nas drogas de todo tipo e onde, enfim, o limite entre a reivindicação de poder e o terrorismo não para de diminuir.

Também é possível que a cesura externa não fosse mais que o sintoma de uma doença interna. Seria absurdo negar que o processo de recomposição veicula também elementos grupusculares e dogmáticos, "vírus" de velhas estratificações que o ameaçam do interior. Nesse caso, é a articulação entre o imediato e a mediação, a tática e a estratégia — que só podem instaurar-se na condição de relações práticas e multilaterais — que corre o risco de "precipitar" sob a forma do caos, da agitação maníaca e da provocação. E se tem sido exatamente assim, a única via possível para curar esse tipo de paranoia não pode ser encontrada senão no esclarecimento, ou mesmo na exaltação, de seus sintomas, na exploração de sua etiologia, na liberação dos desejos de que ela é a expressão e na sua liberação radical de todas as sobrecodificações pelas pulsões de morte capitalísticas.

O problema do recurso à força, todavia, não desapareceu do nosso horizonte. Mas consideramos que ele é tão mais politicamente eficaz quanto as forças em questão são diversificadas, multiplicadas por mil ligações com o pensamento e a imaginação. A força é o corpo — e queremos reconstruir o movimento fora do corpo morto que a tradição nos legou; queremos reinventar um corpo vivo, real, queremos viver, experimentar uma fisiologia da liberação coletiva. É sobre essa hipótese de outro tipo de expressão da potência que os movimentos dos anos 1970 têm reafirmado a urgência da liberação. Não há nenhum anarquismo nisso! Pois o movimento não resulta menos coletivo e rejeita a implosão individualista mortífera. Desafiamos os mitos espontaneístas na mesma medida em que eles tentam desvalorizar as dimensões de cotidianidade e de reformulação paciente dos problemas a que somos confrontados. Também não há qualquer idealismo aqui! Pois aqui o corpo é, ao mesmo tempo, matéria de expressão do sujeito e conteúdo, finalidade. A sua promoção tem como consequência relativizar o formalismo da representação do contrato e da lei em prol da aliança e do projeto comum entre as forças produtivas. A liquidação do conceito da prática do terrorismo é então correlativa tanto à negação das referências políticas arcaicas — ainda que espontaneístas — quanto à afirmação de um materialismo radical. É isso também o que aprendemos nos anos 1970, com a sua horrível cesura-terrorista.

Uma nova política revolucionária

A recomposição do movimento passa por uma reorganização das frentes de luta enquanto processos de autovalorização e autoprodução no mais alto nível da subjetivação coletiva.

A redescoberta da política, isto é, a fundação de uma *outra política*, exige um desenvolvimento das forças sociais em campos de aplicação indefinidamente abertos. Decerto, essas forças dependem da intensidade das necessidades reveladas pelas lutas imediatas e, portanto, do choque contra o obstáculo, mas também da positividade do mundo que queremos construir, dos valores que pretendemos promover. Que não se veja nisso nenhuma dialética! Em todo caso, não uma dialética similar àquela, gloriosa e dolorosa, que presidiu as lutas de classe sociológico-retóricas, remetendo mais ao imbróglio que à ciência. Com efeito, o negativo e o positivo são aqui ancorados na materialidade das opções. Não se pode conceber nenhuma transição, nenhum "salto qualitativo" que permita passar da guerra à paz, da morte à vida, da destruição do ser à construção do mundo. Nessa fase do movimento e do desenvolvimento histórico, parece-nos que somente uma revolução contínua e multidimensional pode constituir uma alternativa aos projetos falidos do arqueossocialismo. Evidentemente, não se trata de se limitar a essas considerações gerais. Cada componente singular do movimento desenvolve sistemas de valor que devem ser considerados em si mesmos, não exigindo nenhuma "tradução", nenhuma "interpretação". Esses sistemas são levados a evoluir nas direções que lhes são próprias e, por vezes, a manter relações contraditórias uns com os outros. Não obstante, eles participam do mesmo projeto de construção de um novo tipo de realidade social.

Nos anos 1970, uma primeira experiência de junção dos processos revolucionários se iniciou num terreno positivo: o *das lutas antinucleares e antidestruição da biosfera humana*. Elas estavam imediatamente ligadas e envolvidas nos *programas alternativos de recuperação da energia produtiva*. Assim, a ecologia não se acantoou no campo da nostalgia ou do protesto; ela demonstrou que um novo estilo de ação era possível. Além disso, as lutas antinucleares abriram horizontes específicos no registro da *exploração da força de trabalho científica e de sua acumulação*. As lutas dos técnicos e dos cientistas, que se revelarão essenciais no desenvolvimento do programa comunista, começam a esclarecer as dimensões complexas da utilização alternativa da ciência. É também no ponto de articulação entre ela e a força coletiva de produção que se operará a mutação decisiva do projeto comunista. É no mesmo *continuum* de lutas contra a exploração e por alternativas positivas que a exploração capitalista e/ou socialista do tempo será cada vez mais questionada e que um novo tipo de organização comunitária das forças sociais produtivas se iniciará. Lutas contra o processo de trabalho e seus modos de sobrecodificação do tempo; lutas por um outro hábitat e uma outra maneira de conceber a sociabilidade doméstica, a vizinhança, a cooperação entre os segmentos do *socius*.

Trata-se de *combinar positivamente a crítica da ciência e a contestação da exploração*; por exemplo, combinar as pesquisas sobre as energias alternativas e a reconstrução prática da comunidade produtiva. É somente desse modo que conseguiremos apreender a coerência dos projetos proletários atuais através da multiplicidade e da diversidade das iniciativas que os encarnam bem como da riqueza de sua finalidade produtiva. Partimos do fato de que, no entrelaçamento indissolúvel no qual elas se apresentam atualmente à análise, a destruição da propriedade — forma jurídica fundamental da acumulação capitalista — e a destruição do controle burocrático — forma jurídica fundamental da acumulação socialista — constituem as condições essenciais para a liberação da ciência e a reelaboração de uma vida social aberta e comunitária e para as formas de organização do trabalho social difuso e criativo correspondente às novas subjetividades proletárias. Não. Não é uma utopia que evocamos aqui! É a explicitação de um movimento real, cujos inúmeros traços e indícios se apresentam como potência em ato.

A elaboração da economia política dessa transição se tornou um problema urgente; o programa comunista só atravessará um novo grau de consciência na medida em que ele avançar em relação a essas questões. A este respeito, é evidente que os programas particulares dos diferentes movimentos não podem senão se entrelaçar. O mesmo ocorre com a sua passagem à organização, mediante diversas tentativas de alto teor espontaneísta. O que é fundamental, nessa área, é a positividade das perspectivas, que impede de cair em qualquer jacobinismo ou leninismo. Devemos insistir mais uma vez aqui sobre a materialidade dessas passagens, sobre a maneira como elas conseguem demonstrar sua força, mesmo nos piores setores da reação capitalista, e como eles acabam por plantar na própria medula dos patrões e dos burocratas a ferroada de suas perspectivas mutantes.

Evoquemos uma ilustração maior dessa conjunção entre vetores radicalmente heterogêneos para pôr abaixo os planos do pior dos patrões reacionários: o sistema monetário internacional. No verão de 1982, a declaração do não pagamento das dívidas contraídas e a ameaça de bancarrota de grandes países latino-americanos[16] foi um golpe, talvez fatal, para o *Reaganomics*. A resistência interna das classes trabalhadoras dos países desenvolvidos ao desemprego e à inflação estava *objetivamente* associada à pressão do proletariado dos países do Terceiro Mundo, eles mesmos corroídos pela miséria e pela fome. O caráter objetivo dessa nova aliança de fato e suas implicações políticas consideráveis nos indicam não só os limites históricos da reação: elas confirmam o poder de intervenção dos agenciamentos coletivos de subjetividade, uma vez que eles consigam combinar suas intervenções no apogeu da crise. Durante dez anos, desde 1971, de Nixon a Reagan, o grande capital multinacional con-

---

[16] Os autores provavelmente se referem às crises da dívida externa que levaram o México e o Brasil a declararem moratória no pagamento dessas dívidas, ameaçando o sistema financeiro mundial. Os acordos de reestruturação que se sucederam obrigaram estes e outros países latino-americanos a rever suas políticas econômicas e a abrir suas economias aos mercados mundiais. [N. T.]

seguiu instaurar um mecanismo pérfido de aumento da produtividade no quadro de uma imobilização geral das relações de força e da distribuição de renda — *em 1982, as próprias bases do poder capitalista se veem postas em causa devido à resistência combinada dos diversos setores do proletariado internacional.* Deve-se admitir que, durante todo esse longo período de "latência histórica", a subjetividade coletiva continuou a metabolizar as suas necessidades e os seus desejos! Do contrário, como seria possível tal crise — a primeira deste ciclo histórico da reação, mas de uma evidência fulgurante. Eis, claramente, um exemplo do que queremos dizer quando falamos: "materialidade das vias de passagem da recomposição da subjetividade" .

Paralelamente à crescente tomada de consciência do caráter irreversível da crise do modo de produção capitalístico, surge doravante um problema fundamental: *o capitalismo e/ou o socialismo dispõe de meios para destruir o mundo; eles utilizarão esses meios para defender o seu domínio?* E até que ponto? Ora, é precisamente em torno dessa ameaça que a recomposição das subjetividades revolucionárias e o desenvolvimento dos movimentos têm parcialmente reconstruído o seu perfil mais alto. É nas *lutas pela paz* que a reconstrução do movimento alcançou sua expressão mais rica e mais complexa. De modo sinuoso, contínuo, estas lutas são levadas a percorrer o território do inimigo, retirando-lhe a possibilidade de concentrar o máximo de loucura destrutiva que preside o seu projeto, destruindo continuamente sua força de persuasão e de concentração. Essa "guerrilha da paz" se implanta quase livremente, poder-se-ia dizer, em espaços que se propagam entre as consciências individuais, a partir de construções comunitárias, um reconhecimento dos dispositivos e das sequências de domínio que lhes constituem em termos de resistência e de luta: tudo isso é já uma força, um projeto que nos faz *sair da defensiva*, que ultrapassa a guerra de posição e que pode nos inspirar uma guerra de movimento. Cercar, esvaziar as estratégias inimigas de sua substância, desconstruí-las desde o interior: que outra forma há de lutar pela paz? Desse ponto de vista, convém diferenciar o caminho da luta pacifista daquele da recomposição dos agenciamentos de enunciação revolucionário? De modo algum, repetimo-lo, pois *a luta pela paz é portadora das potencialidades alternativas mais altas*.

Que seja admitido, não somos tão ingênuos a ponto de não imaginar que exista, sob o chapéu do pacifismo, tanto pessoas honestas quanto canalhas. Em alguns países o movimento de paz é instrumentalizado e pervertido segundo métodos que nos lembram os tempos abjetos da "*Pax Sovietica*".[17] Tampouco estamos propensos a querer uma "paz" de neutralização social, que se acomodaria, por exemplo, num amordaçamento definitivo do povo polonês. Ao contrário, concebemos *a luta pela paz como uma trama sobre a qual as lutas coletivas de liberação podem se desenvolver*. Isto é, a nosso ver, essa

---

[17] Modo como certos críticos se referiam à política de controle político e social exercida pela URSS nos países do bloco. As intervenções na Hungria, em 1956, Tchecoslováquia, em 1968, e Polônia, em 1981, são seus exemplos mais notáveis. [N. T.]

luta não pode ser sinônimo de *status quo*. Trata-se fundamentalmente, então, de embargar a hipoteca que pesa como uma sobredeterminação da morte sobre todas as relações capitalistas e/ou socialistas de produção. A luta pela paz é uma *luta por uma democracia* em que a liberdade dos indivíduos estaria garantida e a gestão da *res publica* e as finalidades do desenvolvimento econômico encontrariam sua legitimidade na comunidade. O verde não nasce nem do vermelho dos regimes socialistas nem do preto dos regimes capitalistas! Ele nasce da recusa da miséria e da opressão em toda parte em que elas se proliferam e da urgência de se liberar do medo do comando capitalístico em toda parte em que ele se impõe. Interpelam-nos de todos os lados: "vocês devem escolher o seu campo!" Alguns dizem para os afegãos que eles seriam ocupados pelos americanos se os russos partissem. Mas o que seria pior? "Se os americanos nos ocupam, respondem os interessados, nos tornaremos todos xiitas!" Outros nos dizem que seremos ocupados pelos russos se recusarmos o guarda-chuva americano. Mas o que seria pior? *Se os russos nos ocuparem, nos tornaremos todos poloneses!* Estamos cansados de todas essas chantagens. Também rejeitamos tanto a da bomba quanto aquela dos pretensos valores capitalistas ou socialistas.

A paz é uma condição da revolução. Uma resposta coletiva é esboçada na tragédia que o capital impõe à vida; na sombra da destruição, uma exigência de ética, de felicidade e de vida se afirma. A mobilização pela paz inicia os percursos infinitos da liberação; as formas construtivas, cuja liberdade é agora drapejada, podem apenas dissolver o poder sob o qual se escondem a classes capitalísticas. Sim, a revolução continua. A onda reacionária dos anos 1970 não a destruiu! Ela foi enriquecida por um tipo de interiorização estratégica de caráter irreversível que lhe permite articular-se intrinsecamente ao imenso projeto ético pela paz.

5
A nova aliança

Um método molecular de agregação

As transformações que afetam a sociedade exigem um novo tipo de organização. Atualmente, o leninismo ou o anarquismo não passam de fantasmas da derrota, voluntarismo e desencanto, fé forçada ou rebelião solitária, forma antitética da repressão ou simples reivindicação abstrata de singularidade. As escolhas organizativas do movimento futuro deverão ser repensadas independentemente das referências políticas e ideológicas que conduziram o movimento operário tradicional à derrota. O desmoronamento de seus dois modelos extremos — o leninismo e o anarquismo — deixa inteiramente aberta *a questão das máquinas de luta que o movimento deverá fazer uso para ser capaz de vencer.* Decerto, a multiplicidade de suas funções e o caráter original e específico da articulação das singularidades que lhes são atribuídas implicam que a forma dessas máquinas já não repete o projeto de centralismo e tampouco renova a ilusão de uma filtragem da democracia por meio de estruturas centralistas. Há sempre um decalque dos modelos estatais no centralismo pseudodemocrático. As características repressivas e burocráticas do Estado de Richelieu, de Robespierre ou de Rothschild[18] são retomadas e ilusoriamente invertidas. Na passividade ou na negação, a organização do movimento revolucionário se submeteu a essa homologia por muito tempo. Como o Estado pode ser destruído por uma organização que, inclusive no plano formal, se submete à sua hegemonia? Mas como trazer essa tarefa para o primeiro plano de preocupações de um movimento "outro", diverso, que se constrói sobre a autovalorização e a autoprodução de singularidades?

Evidentemente, não possuímos nenhum modelo substituto de organização, mas ao menos sabemos o que não queremos mais. Recusamos tudo aquilo que repete os modelos constitutivos da *alienação representativa* e da ruptura entre os níveis em que se formam a vontade política e aqueles de sua execução e administração. Como sempre acontece no curso real de um processo revolucionário, as novas "demandas" de organização correspondem à nova essência da força produtiva social. E são justamente a sua fluidez, a multivalência das suas referências conceituais, a sua capacidade permanente de abstração, a sua eficiência pragmática, a sua potência de desterritorialização que tornam inútil qualquer tentativa de divisão e hierarquização dos poderes no interior do processo organizativo. *A formação da direção política, a sua execução e a sua administração não devem mais ser separadas*, pois isso é uma

---

[18] Respectivamente, Cardeal de Richelieu, primeiro ministro de Luís XIII e arquiteto do absolutismo francês; Maximilien de Robespierre, líder dos jacobinos na Revolução Francesa; e família Rothschild, dinastia de banqueiros que atuava nos principais centros financeiros da Europa no século XIX. [N. T.]

repressão das novas qualidades específicas da força de trabalho coletiva. O tempo de Montesquieu e da separação dos poderes acabou. As relações de alienação desenvolvidas nos planos executivos e administrativos pelo centralismo pseudodemocrático, sob qualquer forma que ele se apresente, estão prestes a desaparecer do horizonte político da revolução — do qual Rousseau e a alienação das vontades singulares serão igualmente expulsos.

Mas, até aqui, a nossa tentativa de redefinição progrediu apenas no terreno negativo: *o que significa positivamente a organização da nova subjetividade revolucionária?*

Avancemos passo a passo e tentemos entender melhor a questão. O argumento supostamente "definitivo" daqueles que apoiam os modelos tradicionais de organização consiste em afirmar que somente uma força centralizada pode possuir eficácia suficiente na constituição de frentes gerais de luta. Isso seria tanto mais verdadeiro na fase atual do desenvolvimento capitalista, que implicaria uma força adicional de centralização até mesmo na organização dos oprimidos. Tolice! Só seria verdade se a atual submissão da sociedade ao capital fosse dependente de uma regra que relacionasse o valor acumulado à quantidade de exploração e se uma forma específica do comando fosse necessariamente associada a uma figura determinada da produção social! Mas não são precisamente esse gênero de medida e esse tipo de relação que deixamos para trás? A generalização da exploração capitalista é visivelmente acompanhada de uma mudança de natureza das funções repressivas, de modo que toda regulação estrutural no seu interior tende a ser eliminada. Não existe, propriamente falando, valor a ser recuperado. Se a lei do valor continuasse a funcionar num nível de generalidade abstrata, projetos de organização do tipo leninista talvez ainda pudessem ser concebidos. Mas não é mais assim. Atualmente o comando capitalístico se desenvolve numa relação estreita direta e antagonista com as singularidades livres e proliferantes. Qualquer que sejam as redes rígidas e repressivas que ele lança em direção a essa fauna selvagem, ele fracassa em alcançar e recolher seus modos de temporalização bem como suas riquezas e finalidades essenciais.

Nessas circunstâncias a organização dos novos agenciamentos proletários só pode dizer respeito a uma pluralidade das relações no interior de uma multiplicidade de singularidades — *pluralidade focada em funções e objetivos coletivos que escapam ao controle e à sobrecodificação burocrática* na medida em que ela se desenvolve precisamente no sentido de uma otimização dos processos de singularidade concernidos. Então, o que está em jogo aqui é um *multicentralismo funcional* capaz, por um lado, de se articular às dimensões diversas da intelecção social e, por outro, de neutralizar ativamente a potência destrutiva dos agenciamentos capitalísticos. Essa é a primeira caracterização positiva da nova subjetividade revolucionária. Suas dimensões cooperativas, plurais, anticentralistas, anticorporativistas, antirracistas, antissexistas etc. animam a capacidade produtiva das singularidades. É somente dessa forma e apenas no registro dessas qualificações que as lutas proletárias poderão reconstruir frentes de luta coerentes e eficazes. Esses processos organizacionais devem ser concebidos como essencialmente *dinâmicos*: cada singularidade é reanimada através de objetivos não só locais, mas cada vez mais amplos até a definição de pontos de encontro transetoriais nacionais e internacionais.

Assim, os projetos globais de sociedade que repousam sobre corpos ideológicos fechados perdem aqui toda pertinência, todo caráter operatório. Não se trata mais de apoiar-se em sínteses abstratas, mas em processos abertos de análise, de crítica, de verificação, de atuação concreta e singular. Do ponto de vista molecular, *cada tentativa de unificação ideológica é uma operação absurda e reacionária*. No terreno social, o desejo recusa a se deixar circunscrever em zonas de consenso, em ares de legitimação ideológicas. Por que pedir ao movimento feminista para encontrar um acordo doutrinário e programático com os grupos de iniciativas ecológicas ou com uma experiência comunitária negra ou com um movimento operário? A ideologia divide; só aparentemente unifica. Inversamente, o essencial é que cada movimento se revele capaz de desencadear *revoluções moleculares irreversíveis* e de se associar às lutas molares limitadas ou ilimitadas — apenas a análise e a crítica coletivas podem decidi-lo — no terreno político, sindical, de defesa dos direitos gerais da comunidade nacional e/ou internacional...

A invenção e a formação desses novos esquemas organizativos implicam pôr em ato *dispositivos permanentes de análise das finalidades internas do processo de autoprodução da subjetividade social.* É a *conditio sine qua non* para garantir um questionamento efetivo dos modos coletivos de funcionamento e para impedir a emergência de tentações "grupusculares" e sectárias em seu interior. Tal nos parece ser o início positivo de um método revolucionário de organização adequado à subjetividade coletiva que o porta; método científico em sua análise, aberto aos processos históricos e, todavia, capaz de imaginação. "*Work in progress*" nas malhas das singularidades, inteiramente inclinado para a sua autoprodução e multiplicação. Método, então, constitutivo de uma organização em perpétua remodelação, método, por isso, adjacente às forças produtivas, que têm feito das singularidades e de seu desenvolvimento a base da riqueza material e espiritual.

Máquinas de luta

A análise progrediu; a experiência se acumulou. O método já encontrou algumas verificações. É possível pensar e começar a praticar as formas de organização dessa nova subjetividade revolucionária? Colocar essa pergunta implica de imediato um confronto com as dificuldades, as modalidades materiais, os obstáculos, os inimigos de um projeto de liberação coletiva. Como conceber a construção e a recomposição dos movimentos? Como reiniciar o desenvolvimento de cada um deles e de suas articulações transversais? Estamos diante de materiais numerosos e heterogêneos e de óticas flutuantes — as diferentes estruturas organizadas pelo movimento não apenas são frequentemente aferradas à sua singularidade, mas às vezes parecem se abrir tão somente às lutas defensivas, ao reforço e à afirmação permanente dessa singularidade. Além disso, sua lógica se apresenta conforme matrizes múltiplas e cambiantes; elas rearticulam de modo sempre diverso o rizoma dos diferentes componentes autônomos. É claro que o problema de um acordo ou de um desacordo ideológico não se põe aqui nos termos da lógica política corrente — um e outro não se referem mais ao mesmo universo ideológico. Inversamente, o primeiro problema que deve ser resolvido é o de organizar *a coexistência de múltiplas dimensões ideológicas* e desenvolver uma análise e um confronto que, sem quererem superar as diferenças específicas, se esforçam para evitar que elas se degenerem em divisões mudas e passivas. Imaginamos, portanto, um processo de recomposição que assume o conflito entre as dinâmicas de singularização a respeito de sua riqueza e de suas linhas portadoras da produtividade humana.

Dito isso, não é menos necessário construir máquinas de luta, dispositivos organizacionais abertos a essas dinâmicas e a esse multicentralismo funcional. Essas máquinas de luta serão tanto mais eficazes quanto mais o seu campo de ação for delimitado e quanto mais a otimização dos processos de singularização for fixada como finalidade fundamental.

Tais modos de cristalização organizacional apareceram na *América do Norte* nos anos 1960, ao longo de várias "campanhas" do movimento. Também na *Alemanha* dos anos 1970, onde o desenvolvimento do movimento alternativo revelou a existência de linhas de diferenciação que vão simultaneamente no sentido de maximização da singularização e de recomposição material das possibilidades de luta. Um método aberto, então, que toma substância de sua abertura para gerar uma organização aberta.

Acontece frequentemente — tanto nos países árabes, eslavos, latino-americanos quanto nos anglo-saxões — que essa experimentação de novas formas de organização se desenvolva a partir de um imaginário religioso. Sem dúvida, convém distinguir entre as motivações religiosas que se agregam a uma ação de liberação e aquelas que se reterritorializam em torno de uma alienação teológica.

É verdade que, num mundo onde as únicas "manchas" não podem ser senão rupturas assignificantes, *a reconquista do valor do testemunho, do engajamento pessoal, da resistência singular e da solidariedade elementar* tornou-se um motor essencial de transformação. Para se constituir em máquinas de luta, os movimentos são obrigados a assumir tão completamente quanto possível a relação contraditória entre singularidade e sociedade capitalística, entre ética e política. E isso dificilmente pode ser concebido senão na condição de reinventar completamente as formas de militância. Devemos fazer a análise e a crítica da *militância* e das velhas experiências quando elas nos deixam tristes, quando elas se tornam historicamente pálidas, pois atrapalham a práxis livre. Mas parece-nos impossível que um novo método aberto de organização possa ser fundado ao largo da redefinição concreta de uma *nova militância* — seja qual for a amplitude de suas motivações. Isto é, uma certa cristalização social do desejo e da generosidade que atravessa o ser das singularidades.

Pode-se esperar dessa maneira de vislumbrar as coisas não só o nascimento de novas organizações, de máquinas de lutas mutantes, mas também uma profunda mudança de seu "contexto proposicional", em particular *uma redefinição dos "direitos humanos"* que garanta e incentive construções comunitárias. De modo geral, será posta em questão a *renovação dos mecanismos constitucionais* e a sua capacidade de registrar os conflitos e as mutações sociais. Apenas a subjetividade engajada em processos de produção singulares pode romper os códigos e as normas da produção de subjetividade do CMI. *É somente assim que a democracia pode ser refundada.* A inovação jurídica passa necessariamente pela institucionalização do movimento real. A única norma jurídica aceitável — correspondente, em outros termos, às "instâncias de justiça" trazidas pelas próprias populações — é *a imagem-movimento do real.* Inversamente, o CMI nos apresenta sociedades cujos direitos são enfraquecidos, cujos Códigos e Constituições legais são ultrapassados ou funcionam como simples véus de práticas ilegais das castas que trabalham para seus próprios interesses.

A abordagem dessas problemáticas constitucionais não deverá mais ser desprezada ou negligenciada, como por muito tempo ocorreu no movimento, mas pertencerá propriamente à vontade política dos agenciamentos revolucionários. É a relação entre vontade política e constituição do Estado que se inverte aqui. A primeira voltará a condicionar a segunda, e não o contrário, como pretendem as ideologias conservadoras e como impõem as práticas reacionárias. Esta reversão não implica uma renúncia da existência de um corpo jurídico coerente. Ao contrário, ela procede da vontade de promover uma racionalidade mais alta, uma preocupação maior pela verdade e pela justiça, através da integração de uma capacidade de leitura dos processos mutacionais essenciais no seio de seu mecanismo. Trata-se, em suma, de que "o espírito das leis" adquira agudas sensibilidade e inteligência das transformações profundas e progressistas do "mercado" social.

É gratificante constatar que os apologistas recentes do mercado e sua onipotência taumatúrgica sejam os detratores raivosos de toda promoção desse tipo de mercado! O fato é que o nível atual da crise capitalista e do desenvolvimento das relações de força entre as classes, tais dispositivos de livre mercado institucional e político, através de sua ação de facilitação e de incitação das potencialidades da liberdade coletiva, destruiriam e até mesmo anulariam as condições do mercado liberal-burguês de exploração.

Então é claro que quando contestamos a pretensão do Estado de dominar contratualmente a conflitualidade social (prática que é sempre fonte de totalitarismo), nós não nos pronunciamos em favor das iniciativas falsamente ingênuas de controlar os processos de singularização social, que fingem reconhecê-los apenas na condição de impulsos corporativos (que se tentará doravante integrar no que é pomposamente chamado de "economia social". A ideologia pseudoproudhoniana de que se vestem alguns desses impulsos evidentemente não tem outros objetivos além de torná-los prisioneiros de um mercado capitalista ampliado). *Não. O corporativismo, sob qualquer forma que se apresente, deve ser derrubado*; ele não pode gerar mais que sucedâneos, soluções fraudulentas às problemáticas das novas subjetividades coletivas. Todas as manipulações estatais, insinuantes e infamantes, devem ser combatidas sem descanso. *Estatismo e corporativismo são duas faces do mesmo obstáculo para o desenvolvimento das autonomias e das singularidades.* As máquinas de luta de que as novas subjetividades proletárias são portadoras, repetimos, tendem essencialmente a aprofundar a singularidade dos agenciamentos coletivos dos quais elas emanam, sem que isso diminua a sua relação de conflitualidade revolucionária com o Estado. É um paradoxo desprezar as finalidades liberadoras do movimento e, especialmente, o interesse de cada um de seus componentes na desaparição das técnicas de poder, das manipulações de grupo, inerentes aos sistemas tradicionais de representação que supostamente agem "em nome" da vontade geral. Já basta de Menênio Agripa[19] e de seus apologistas!

[19] Agripa Menênio Lanato, cônsul de Roma em 503. Segundo Tito Lívio, ao ser elencado para dissuadir uma revolta plebeia, Agripa teria contado a fábula na qual os diversos órgãos do corpo (a plebe), cansados de sustentar o estômago (o senado) que só fazia comer, decidiram interromper as suas atividades. Com o passar do tempo, entretanto, a fraqueza começou a atingir esses órgãos, fazendo-lhes perceber que a

Portanto, é em relação direta com próprio tecido dos agenciamentos singulares no interior dos quais eles se formam que as máquinas de luta desenvolvem suas atividades produtivas e sua ação política. Elas se engajarão na produção e na reprodução em um mesmo movimento. *Na produção*, a fim de formar a capacidade de gestão autônoma e comunista das atividades humanas e a fim de construir um novo tipo de economia fundada sobre os agenciamentos coletivos que articularam as diversas modalidades de semiotização e de implementação maquínica. E *no conjunto da sociedade*, a fim de estabelecer a autogestão da reprodução e da auto-organização, tão livre quanto possível, da repartição e das funções do tempo de trabalho. Destarte, promoção do coletivo bem como da iniciativa, da criação, e da responsabilidade individuais.

Como se sabe, os incensadores do neoliberalismo gostam de retornar às mitologias do chefe como a única garantia de ordenação racional dos processos produtivos complexos, como único agente possível de "dinamização" da força de trabalho etc. Ao mesmo tempo, eles tentam desacreditar a autogestão como sendo sinônimo de "mediocridade" (seria impossível aplicar em grande escala etc.). Todos esses argumentos decorrem de uma ignorância total dos meios de semiotização coletivos que já atuam em todos os setores da ciência e da tecnologia de ponta. Uma certa concepção de hierarquias arborescentes e de disciplinas opressivas tornou-se incontestavel-

aparentemente preguiçosa atividade do estômago era fundamental para o bom funcionamento de todo o corpo. [N. T.]

mente arcaica. Não se trata de uma simples questão de gosto, ou de um "preconceito" democrático. O agenciamento transversal, rizomático, dos componentes maquínicos, dos componentes informacionais e dos componentes decisórios, tornou-se verdadeiramente uma necessidade absoluta, se se quer que continuem avançando, paralelamente à produção, a sociedade, a ciência, a arte, em suma, a vida humana neste planeta. Depois de alguns séculos de dominação capitalista e/ou socialista, *produção e sociedade tornaram-se uma só e mesma coisa*. É um ponto sem retorno. *As máquinas de luta revolucionária têm que devir elas próprias agenciamentos de produção de novas realidades sociais e de novas subjetividades.*

Reiteramos que a definição, o programa geral dessa liberação em todas as direções, não pertence a essas máquinas de luta, mas à multiplicidade rizomática dos processos de singularidade em cada um de seus locais de produção, que, conforme o caso, transformam, remodelam, multiplicam o poder que essa liberação autoriza.

Doravante, organizar significa primeiro: *operar sobre si mesmo*, enquanto coletividade singular, construir, reconstruir permanentemente essa coletividade em um projeto multivalente de liberação. Não em referência a uma ideologia diretriz; mas nas articulações do real. Essa recomposição permanente da subjetividade e da práxis só é concebível em uma completa liberdade de movimento de cada um dos seus componentes, e em absoluto respeito aos seus próprios tempos — tempos para entender ou recusar-se a entender, tempos para unificar-se ou autonomizar-se, tempos de identificação ou diferença mais exacerbada. Liberação, produção, constituição de novos agenciamentos sociais indicam níveis distintos — todos igualmente pertinentes — a partir dos quais as máquinas de luta se desenvolvem. *As experiências de comunidade e de solidariedade* que a segunda metade deste século tem conhecido são os paradigmas originários do nascimento dessas novas organizações que denominamos máquinas de luta. Trata-se agora de desenvolver o seu livre desenrolar e a sua potência. É evidente que apenas a experiência direta das lutas permitirá identificar melhor o seu contorno — pretender descrever antecipadamente o que serão essas máquinas de luta das novas subjetividades proletárias sobre um plano prático (do desejo e da razão) iria de encontro ao seu modo de geração, que depende essencialmente disso que não se ousa mais chamar de "as massas".

As novas linhas de aliança hoje

No fim do período de recuo defensivo, consequência da atual onda repressiva sob a égide da reestruturação capitalista e/ou socialista, uma forma particular de aliança pode e deve se realizar entre as categorias constitutivas do novo proletariado e os setores mais dinâmicos da sociedade produtiva.

O que a caracteriza, em primeiro lugar, é que ela deverá ser capaz de romper as divisões corporativistas da reestruturação, que se mostraram particularmente eficazes no interior da classe operária industrial e também nos setores terciários e científicos da produção social. A sequência revolucionária fundamental com a qual devemos nos confrontar agora concerne à possibilidade *de conectar e fazer interagir as classes operárias, os setores de produção terciária e os inumeráveis componentes do universo dos "não garantidos"*. Essa problemática da conexão deverá ser assumida pelos movimentos com toda a inteligência e a energia de que são capazes. Não porque a classe operária continua sendo o elemento determinante do processo revolucionário ou porque os setores terciários, intelectuais, marginais etc. sejam portadores de mutações econômicas essenciais. Ninguém tem nada a ganhar com esses mal-entendidos históricos! É evidente que os discursos sobre *a centralidade e a hegemonia operária são completamente obsoletos* e não podem servir de base para a estruturação de novas linhas de aliança política e produtiva e nem mesmo de simples modelo de referência. Rompendo com esse gênero de ilusões, a verdadeira questão é a de *inventar um sistema não de unificação, mas de engajamento polivalente das supracitadas forças sociais*, que seja capaz não apenas de articular as novas forças subjetivas, mas também de romper os blocos de poder capitalísticos — em particular seus efeitos de sugestão dos meios de comunicação de massa sobre uma parte considerável dos oprimidos.

Seria fictício e artificial esperar que as novas linhas de aliança se deem apenas nos pontos de ruptura da reestruturação, nas zonas de fricção do mercado de trabalho da reestruturação corporativista dos diversos segmentos de classe operária. Uma tal atitude ainda participaria do espírito do CMI, que está sempre pronto, mais que para levar em consideração, para reprimir as tentativas de liberação da produção. Ora, como vimos, a questão da recomposição de uma unidade conectiva do movimento é coexistente a da autoprodução do processo de liberação, sendo cada um de seus componentes ao mesmo tempo singulares no seu aspecto interno e ofensivos na vertente externa. Essa autoprodução implica o reconhecimento efetivo e sem reservas de tudo aquilo que participa realmente dos novos tipos de cooperação e de subjetividade, sem a intromissão das formações do poder dominante. As novas linhas de aliança anticapitalísticas destruirão as malhas corporativistas da repressão e contribuirão para que os agenciamentos coletivos de transformação assumam suas perspectivas fundamentais.

No lugar de novas linhas de aliança política, poderíamos igualmente dizer: *nova cooperação produtiva*. Voltamos sempre ao mesmo ponto, o da produção. Produção de bens, produção de comunicação e de solidariedade social, produção de universos estéticos, produção de liberdade... O fato é que o centro de gravidade desses processos produtivos deslocou-se na direção das tramas moleculares das marginalidades e das minorias. Entretanto, não se trata de fazer disso uma nova religião, nem de opor aqui ponto a ponto o conjunto dos garantidos e o conjunto dos não garantidos. Trata-se, ao contrário, *de acabar com a representação que os últimos têm de si mesmos como conjunto heterogêneo*, excluído essencialmente da "verdadeira realidade" produtiva, como lhes induzem todas as coordenadas de representação do capitalismo e/ou do socialismo. Essa transformação implica também que muitos setores da classe operária e muitas categorias privilegiadas do proletariado produtivo se deem "representantes" diferentes daqueles que têm hoje, em sua maior parte vendidos ao reino do corporativismo. As revoluções moleculares, os novos agenciamentos subjetivos, as autonomias, os processos de singularização são suscetíveis de restituir o escopo revolucionário às lutas da classe operária e dos múltiplos setores da força coletiva de trabalho, que hoje estão reduzidos a vegetar nas suas estratificações sociológicas. Estamos convencidos de que a "recomposição proletária" pode bloquear a estratégia do CMI de precarizar o mercado de trabalho e fomentar a concorrência entre os segmentos sociais que nele se confrontam. Potencialidades de revolução molecular em pequena ou grande escala aparecem sempre que processos de destotalização e desterritorialização corroem as estratificações do corporativismo.

Ora, se é verdade que a questão fundamental é inverter a tendência corporativista, parece igualmente claro que o motor dessa diminuição da "entropia social" reside em tornar consistente um projeto revolucionário de "descompartimentalização" da sociedade produtiva. E não somente como horizonte ideal, como ética comunista, mas antes de tudo como estratégia de luta suscetível de fazer o movimento sair de sua "neurose de derrota" atual. As situações mais desmoralizadoras e as relações de força aparentemente mais negativas podem rapidamente mudar assim que a precariedade das formas atuais da dominação do CMI aparecer de modo ainda mais pronunciado. *Mesmo os segmentos mais "conservadores" da classe operária começam a manifestar a sua inquietude, a sua impaciência e o seu desgosto com aqueles que deveriam representá-los.* Foi-se o tempo da ideia, por muito tempo aceita de bom grado, de que não existiria mais que uma única economia política de referência, aquela do CMI. O desmantelamento de empresas, de ramos da indústria, de regiões inteiras, os custos sociais e ecológicos da crise não podem mais ser lançados na conta de uma necessária reconversão do sistema. De fato, há muito tempo está claro que *não se trata de uma crise ordinária*, mas de uma tentativa radical de esmagar mais de meio século de "vantagens adquiridas" e de conquistas sociais do reformismo que correspondeu às formas anteriores do capitalismo.

Evidentemente, isso não significa que o capitalismo esteja em via de afundar por conta própria e que chegamos, quase apesar de nós mesmos, à antevéspera da "Grande Noite"! O certo é que o capitalismo e/ou o socialismo intentam instaurar em todo o planeta um regime de "disciplinamento" delirante, em que cada segmento da força coletiva de trabalho, cada povo, cada etnia será posta em "prisão domiciliar", devendo submeter-se a um controle permanente. A esse respeito, os trabalhadores garantidos serão colocados no mesmo barco dos não garantidos, e tudo não será mais que questão de nuance, de transição imperceptível. No futuro ninguém mais poderá se valer de uma verdadeira garantia estatutária.

As classes operárias clássicas deverão tomar partido. Mas qual poderia ser o sentido da sua revolta se elas não compreenderem que não representam mais a maioria da sociedade — nem em termos numéricos, nem em termos ideais e tampouco em termos econômicos — e que, se quiserem legitimar a sua rebelião, precisam se recompor socialmente, aliando-se com a massa imensa dos explorados, dos marginalizados, na qual se encontram majoritariamente os jovens, as mulheres, os imigrantes, os subproletários do Terceiro Mundo e as minorias de toda espécie? *A tarefa principal se tornou reunificar os componentes tradicionais da luta de classe contra a exploração com os novos movimentos de liberação e de desenho comunista.*

É nesse terreno que nascerão as novas linhas de aliança. Risquemos um traço sobre a tradição da Terceira Internacional, uma linha negra sobre os seus resultados totalitários e/ou corporativistas. Um novo movimento revolucionário está em busca de si mesmo. Ele nasce dentro e fora do movimento operário tradicional, a sua proliferação converge potencialmente para uma frente intrinsecamente unificada pela exploração. Ele destruirá as normas repressivas da jornada de trabalho e da apropriação capitalista da totalidade do tempo de vida. Novos terrenos de luta tornam-se possíveis por toda parte. Mas o espaço privilegiado, o ponto efervescente da produção de novas máquinas de luta revolucionária reside no seio da articulação das subjetividades marginalizadas. E lá também, naturalmente, não enquanto tais, mas porque se inscrevem no sentido da criatividade dos processos de produção considerados em sua linha de evolução, ou seja, não isolados arbitrariamente dentro da esfera econômica capitalística.

O imaginário social só poderá se recompor por meio de mutações radicais. A esse respeito, deve-se considerar que os fenômenos da marginalidade participam de um contexto que de forma alguma os define como marginais, mas, ao contrário, lhes confere uma posição central na estratégia capitalista. *As subjetividades marginais*, ao mesmo tempo em que são o produto e as melhores "analistas" da tendência do comando, são também aquelas que melhor lhe resistem. *O aspecto externo, físico, corpóreo, plástico da experiência de liberação* dos sujeitos marginais tornam-se igualmente a matéria de uma nova forma de expressão e de criação. A língua, as imagens jamais são ideológicas aqui, mas sempre encarnadas. Mais do que em qualquer outro lugar, pode-se encontrar aqui os sintomas do surgimento *de um novo direito à transformação e à vida comunitária* sob o ímpeto de subjetividades em revolta.

Novas linhas de aliança como projeto de produção de singularidades e como possibilidade de conferir a esse projeto um alcance social subversivo. O método de autoanálise dos agenciamentos da subjetividade social tornou-se substância revolucionária na medida em que ele permite discernir semioticamente e ampliar politicamente os pontos de implosão do corporativismo e de surgimento dessas linhas de aliança. A consciência comum já percebeu esse processo de conjunção; a imaginação revolucionária começou a apreendê-lo; resta fazer dele a base da constituição do movimento futuro.

6
Pensar e viver de outro modo. Propostas

O ressentimento, a repetição vazia, o sectarismo são as modalidades pelas quais vivemos as esperanças traídas do movimento operário tradicional. Mas nem por isso renegamos a história das lutas; ao contrário, até a exaltamos, porque ela é parte integrante das nossas coordenadas mentais e da nossa sensibilidade. Ainda que fôssemos anões sobre os ombros dos que foram gigantes, pretendemos assumir tanto os frutos quanto os aspectos deploráveis de sua herança. De todo modo, queremos ir além. Reatando-nos às raízes humanas do comunismo, *queremos voltar às fontes da esperança, ou seja, ao "ser para"*, à intencionalidade coletiva voltada ao fazer, mais que ao "ser contra" aninhado nos ritornelos impotentes do ressentimento.

É na história real que queremos explorar e experimentar o universo de possibilidades que nos convoca de todas as partes. Que mil espécies de flores desabrochem nas terras que a destruição capitalística pretende minar! Que mil tipos de máquinas de vida, de arte, de solidariedade e de ação venham varrer a arrogância estúpida e cega das velhas organizações! Que importa se o movimento tropeça na própria imaturidade, em seu "espontaneísmo"? A sua potência de expressão se encontrará reforçada afinal. Sem nem mesmo dar-se conta, e não obstante a amplitude dos movimentos moleculares que as fazem insurgir, as linhas de cristalização organizativa que se abrem orientam-se na direção das novas subjetividades coletivas.

"Que mil flores, que mil máquinas de luta e de vida desabrochem" não são palavras de ordem de organização e menos ainda uma prédica de iluminados, mas uma chave analítica da nova subjetividade revolucionária, um dado a partir do qual as características sociais e as dimensões de singularidade do trabalho produtivo poderão ser reapropriadas. É por meio da análise do real que elas se recomporão e se multiplicarão como instância subversiva e inovadora. O inimigo se encarnou nas formas atuais de comando social, com a anulação das diferenças, com a imposição da lógica redutora do domínio. Trazer à luz a hegemonia dos processos de singularização no horizonte da produção social constitui hoje a característica específica da luta política comunista.

O desenvolvimento, a defesa e a expressão das subjetividades produtivas mutantes, das singularidades dissidentes e dos novos agenciamentos proletários tornaram-se, de alguma maneira, a matéria-prima e a tarefa primeira do movimento. Isso poderá tomar a forma da *luta na frente do Welfare, pela determinação de uma renda igualitária garantida*, contra a miséria em todas as suas formas, pela defesa e ampliação dos direitos dos alternativos, contra os mecanismos corporativistas de divisão. Se quisermos, encontraremos aqui *a tradição da luta con-*

tra a renda, na medida em que esta não é somente fundiária, imobiliária e financeira, mas se sustenta essencialmente sobre as articulações do comando capitalístico e, portanto, trata-se de renda política, de renda oriunda da posição na hierarquia dos estratos corporativistas. Os novos componentes subjetivos da produção e revolução encontrarão o *seu primeiro campo de intervenção* nesse registro, que eles redefinirão de modo positivo como luta de liberação contra a escravidão corporativista e as estruturas reacionárias da produção, e como afirmação dos processos de singularidade enquanto impulso essencial da produção social.

Essa recomposição do movimento revolucionário implica certamente imensos esforços de coragem, de paciência e sobretudo de inteligência. Mas que progresso em relação aos períodos precedentes de luta — incansável e frequentemente desesperada — dos primeiros grupos conscientes dessa problemática e que apenas raramente conseguiam abrir brechas no gueto sindical ou no monopólio político dos partidos pretensamente operários! Aqui também, *o tempo de vida deve se impor ao tempo da produção*. É nesse cruzamento que se colocará a *segunda tarefa do movimento comunista revolucionário*: a organização consciente da força de trabalho coletiva *independentemente* das estruturas capitalistas e/ou socialistas, ou seja, a organização de tudo aquilo que concerne à produção e à reprodução do modo de vida. Com efeito, uma coisa é revelar as novas forças produtivas sociais, outra é organizá-las fora e contra as estruturas capitalistas e/ou socialistas. O desenvolvimento da ciência e das técnicas e a sua incorporação massiva nesse programa de transformação são condições necessárias, mas insuficientes. Nenhuma transformação é concebível se o conjunto do campo do trabalho produtivo não for atravessado por grandes movimentos de experimentação coletiva que rompam as concepções relativas à acumulação centrada no lucro capitalista. *Nessa direção deverá ser compreendida a potência de expansão da força de trabalho coletiva.* Assim se estabelecerá um duplo movimento, que lembra o coração humano, entre a diástole da força expansiva da produção social e a sístole da inovação e da reorganização radical da jornada de trabalho. O movimento do proletariado social e das novas subjetividades coletivas deve investir as empresas, as questões relativas à legislação sobre o tempo da jornada de trabalho e impor sua redefinição e sua experimentação permanente. Deve impor não somente uma renovação do produzir, mas também modos inovadores de imaginar e estudar a produção.

Pensar, viver, experimentar e combater de outro modo: tal será a divisa de uma classe operária que não pode mais se perceber como "autossuficiente" e que tem tudo a ganhar com a renúncia aos seus mitos arrogantes de centralidade social. Assim que acabar com esse gênero de mistificação, que no final das contas não fez mais do que dar vantagens às formações de poder capitalista e/ou socialista, se descobrirá o alcance imenso das novas linhas de aliança que conectam os relés sociais multiformes e polivalentes no seio das forças produtivas de nosso tempo.

Já é tempo de a imaginação do comunismo se alçar à altura das ondas transformadoras que estão a ponto de submergir as velhas "realidades" dominantes.

Agora devemos introduzir algumas considerações acerca de uma *primeira "proposição diagramática"* que integra a definição das perspectivas propostas até aqui. É evidente que toda tentativa do movimento das novas subjetividades de controlar o tempo da nova jornada de trabalho será ilusória se não atacar frontalmente a rede de comando do CMI.

Atacar essa rede significa pôr em questão a relação Leste-Oeste, fazer descarrilhar o mecanismo de integração entre as duas superpotências que sobrecodificaram todas as relações internacionais dos anos 1970 até hoje. *A ruptura da relação de domínio estabelecida arduamente entre o capitalismo e o socialismo de tipo soviético e a derrubada radical das alianças — sobretudo europeias — na direção do eixo Norte-Sul contra o eixo Leste-Oeste* constituem uma base essencial para a recomposição do proletariado intelectual e operário nos países capitalísticos avançados. Uma base de produção social que conquistará a sua independência contra a opressão da hierarquia e do comando das grandes potências; uma base que não tem sentido se não se apoiar na vontade coletiva de criar fluxos e estruturas alternativas às relações Leste-Oeste.

Não somos defensores atrasados do "terceiro-mundismo"; não temos a pretensão de transformá-lo pela via do "insurrecionalismo" tradicional; por isso tampouco acreditamos na sua capacidade de desenvolvimento e de "redenção", ao menos no concerto capitalista atual. Nenhuma revolução triunfante nos países desenvolvidos conseguiu transformar as estruturas do Estado de modo duradouro. É pouco provável que as do Terceiro Mundo o consigam! *Não. Para cumprir essa tarefa histórica convém voltar-se acima de tudo para a cooperação revolucionária e a agregação das forças do proletariado intelectual e operário do Norte com a massa imensa do proletariado do Sul.* Tudo isso pode parecer utópico e mesmo extravagante porque hoje nós, os operários e intelectuais dos países do Norte, somos escravos da política corporativa, das divisões segmentárias, da lógica do lucro, das operações de esquadrinhamento e de extermínio, da ameaça da guerra nuclear tal qual nos foram impostas e das quais nos tornamos cúmplices. A nossa liberação passa pela construção de um projeto e de uma prática que unifiquem, numa mesma vontade revolucionária, as forças intelectuais e os proletariados do Norte e do Sul.

À medida que a conjunção dos processos de singularidade avançar no projeto de reinvenção do comunismo, surgirá com maior agudeza *o problema do poder*, que permanece no centro do antagonismo entre os componentes proletários e o Estado capitalista e/ou socialista. O movimento operário tradicional pensava responder a essa questão de modo simples e radical com a tomada do poder estatal e, em seguida, com a sua progressiva extinção. Tudo deveria andar por si só! Opor-se-ia a destruição com destruição e o terror com terror! Atualmente, é inútil fazer o epílogo do caráter fictício e mistificador dessa dialética!

Inútil sublinhar o caráter escandaloso da referência à experiência heroica da Comuna de Paris pelos defensores dessa doutrina!

A terceira tarefa fundamental do movimento comunista revolucionário consiste em acabar com esse gênero de concessões e afirmar a separação radical do movimento não apenas em relação ao Estado com o qual diretamente se confronta, mas, mais fundamentalmente, em relação ao próprio modelo de Estado capitalista e todos os seus sucedâneos, substitutos, formas derivadas e funções ramificadas, em todos os mecanismos do *socius*, em todos os níveis da subjetividade. Portanto, às lutas que concernem ao *Welfare*, às lutas contra a organização do trabalho produtivo e do tempo de trabalho social, às iniciativas comunitárias nesse terreno se une, portanto, *o questionamento do Estado enquanto elemento modelador das diversas figuras da opressão, enquanto máquina de sobredeterminação das relações sociais* para reduzi-las, esquadrinhá-las, escravizá-las radicalmente, sob a ameaça de suas forças de morte e de destruição.

Esse problema nos leva a formular *uma segunda proposição diagramática* do comunismo e da liberação. Ela diz respeito à urgência *de uma reterritorialização da práxis política*. Hoje, enfrentar o Estado significa lutar contra essa sua figura particular que é totalmente integrada ao CMI.

A partir de Yalta,[20] as relações políticas se esvaziaram

---

[20] Conferência realizada em fevereiro de 1945 entre os principais líderes Aliados para a adoção de uma estratégia comum para apressar o fim da Segunda Guerra Mundial e decidir os rumos da Europa e da nova ordem global após a derrota do Eixo. [N. T.]

sempre mais de sua legitimidade territorial, derivando para níveis intangíveis. O comunismo representa a tendência à destruição de mecanismos que fazem do dinheiro e dos outros equivalentes abstratos o único território do homem. Isso não implica de forma alguma a nostalgia da "terra natal", o sonho de um retorno às civilizações primitivas nem ao suposto comunismo do "bom selvagem". Não se trata de repor em discussão os níveis de abstração que os processos desterritorializados de produção propiciaram ao homem.

O que o comunismo contesta é o tipo de reterritorialização conservadora, degradante e opressiva imposta pelo Estado capitalista e/ou socialista, com suas funções administrativas, suas mídias, seus órgãos institucionais, seus equipamentos coletivos de normalização e de esquadrinhamento etc. A reterritorialização operada pela práxis comunista é de uma natureza inteiramente outra; não pretende retornar a um ponto de partida natural e universal; não é uma revolução circular; em vez disso, permite um "descolar" das realidades e das significações dominantes, criando condições que permitem aos homens "fazer o seu território", para conquistar o seu destino individual e coletivo dentro dos fluxos mais desterritorializados. Desse ponto de vista, devemos distinguir muito concretamente os movimentos de *reterritorialização nacionalitária* — bascos, palestinos, curdos... — que assumem, até certo ponto, os grandes fluxos desterritorializados das lutas do Terceiro Mundo e dos proletários imigrantes, e os movimentos reacionários de reterritorialização nacionalista.

O nosso problema é reconquistar espaços comunitários de liberdade, de diálogo e de desejo. Certo número deles começa a se difundir em diversos países da Europa. Mas trata-se de construir contra as pseudo-reterritorializações do CMI (por exemplo, a descentralização na França ou a Europa dos Dez)[21] um formidável movimento de *reterritorialização dos corpos e dos espíritos: a Europa deve ser reinventada como reterritorialização da política e como base de reversão das alianças sobre o eixo Norte-Sul.*

A *terceira tarefa do movimento* comunista revolucionário consiste também em desarticular e *desmantelar as funções repressivas do Estado e de seus corpos especiais.* É o único terreno no qual os novos sujeitos coletivos se encontram com as iniciativas do Estado, e unicamente na medida em que este envia os seus "cavaleiros teutônicos" às terras liberadas pelos agenciamentos revolucionários. Quanta força de amor e de humor deverá ser posta em ação aqui para que eles não sejam abolidos, como de costume, na imagem lunar, mortalmente abstrata e simbólica, de seu adversário capitalístico! A repressão é antes de tudo erradicação e perversão do singular. Trata-se de combatê-la no terreno das relações de força identificáveis na vida real; trata-se também de desfazer-se dela nos registros da inteligência, da imaginação, da sensibilidade e da felicidade coletiva. Trata-se de extrair de toda parte, *inclusive de si mesmo*, as potências de implosão e de desespero que exaurem o real e a história de sua substância.

---

[21] Conjunto dos países que formavam a Comunidade Europeia (hoje União Europeia) quando o livro foi escrito. [N. T.]

Que o Estado, do seu lado, viva o seu resto de vida no isolamento e no cerco que uma sociedade civil reconstruída lhe reserva! Mas se ele esboça sair de sua "reserva" e reconquistar os nossos espaços de liberdade, responderemos submergindo-o sob um novo gênero de mobilização geral, de alianças subversivas multiformes, até que ele faleça sufocado em sua própria fúria.

Quarta tarefa: estamos de volta — era inevitável — *à luta antinuclear e à luta pela paz*. Porém, de um paradigma que traz à luz as implicações catastróficas da posição da ciência em relação ao Estado, posição que pressupõe uma dissociação entre a "legitimidade" do poder e a finalidade da paz. Que derrisão sinistra é a dos Estados que acumulam milhares de ogivas nucleares em nome de sua responsabilidade de garantir a paz e a ordem internacional, quando é evidente que essa acumulação não poderia garantir nada diferente da destruição e da morte! Mas essa última legitimação "ética" do Estado — à qual a reação se agarra como a um baluarte — também está por desmoronar, e não somente no plano teórico, mas na consciência daqueles que sabem ou pressentem que a produção coletiva, a liberdade e a paz, em seu movimento próprio, são fundamentalmente irredutíveis ao poder.

Impedir a catástrofe de que o Estado é portador, enquanto revela o quanto ela lhe é essencial. Ainda é verdadeiro que "o capitalismo traz a guerra como as nuvens a tempestade". Mas diferentemente do passado, por outros meios e num horizonte de horror que agora escapa a toda imaginação possível. A perspectiva do holocausto final, com efeito, tornou-se uma base a partir da qual se desenvolve a verdadeira guerra civil mundial, conduzida pelo poder capitalístico e constituída por mil guerras permanentes, purulentas, pulverizadas, contra as lutas de emancipação social e as revoluções moleculares. Todavia, nesse campo como em nenhum outro, nada está decidido. As vitórias e as derrotas das novas linhas de aliança do movimento não estão de forma alguma inscritas numa casualidade mecânica ou numa suposta dialética histórica. Tudo está por refazer, por retomar constantemente. E é bom que seja assim! O Estado não passa de um monstro frio, um vampiro em agonia interminável que extrai a sua vitalidade daqueles que se abandonam aos seus simulacros.

Em 68 ninguém poderia imaginar que a guerra se tornasse tão rapidamente um horizonte tão próximo e invasivo. Hoje a guerra não é mais somente uma perspectiva. Ela se tornou o quadro permanente da nossa vida. A *terceira grande guerra imperialista* já começou. Sem dúvida, uma guerra velha, de trinta anos, que, como a Guerra dos Trinta Anos, ninguém mais sabe reconhecer, ainda que ela tenha se tornado o pão de cada dia de "certa" imprensa. Tal é o resultado da reestruturação capitalística e dos seus furiosos assaltos contra o proletariado planetário. A *terceira proposta diagramática* do comunismo e da liberação consiste em tomar consciência dessa situação e assumir a problemática da paz como base fundamental dos processos de derrubada da aliança no eixo Norte-Sul. Mais que nunca, a paz não é uma palavra de ordem vazia, uma fórmula de "bela alma", uma inspiração vaga. A paz é o alfa e o ômega do programa da revolução. A angústia da guerra cola em nossa pele, envenena nossos dias e noites.

Tanta gente se refugia na política do avestruz! Mas mesmo essa inconsciência gera angústia. O comunismo arrancará os homens e mulheres da bestialidade programada pelo CMI e os colocará diante da realidade dessa violência e dessa morte que a espécie humana pode vencer se conseguir conjugar suas potencialidades singulares de amor e de razão.

Por fim, *uma quinta dimensão* — da qual já falamos amplamente — deverá se unir a essas linhas de aliança dos agenciamentos produtivos e das subjetividades coletivas: *a organização*. Chegou o tempo de passar da resistência esparsa à constituição de frentes de luta determinadas e de máquinas de luta que, para serem eficazes, não perderão nada de sua riqueza, de sua complexidade, da multivalência dos desejos que as guiam. Cabe a nós trabalhar essa transição.

Em suma, cinco tarefas esperam os movimentos futuros: a redefinição concreta do assalariado, a tomada do controle e a liberação do tempo da jornada de trabalho, a luta permanente contra as funções repressivas do Estado, a construção da paz e a organização de máquinas de luta capazes de assumir essas tarefas. Essas cinco tarefas são "*diagramatizadas*" por três proposições: contribuir para a reorientação das linhas de aliança do proletariado segundo o eixo Norte-Sul, conquistar e inventar novos territórios de desejo e de ação política radicalmente destacados do Estado e do CMI, lutar contra a guerra e trabalhar para a construção do movimento revolucionário do proletariado pela paz.

Ainda estamos longe de sair da tormenta. Tudo faz pensar que o fim dos "anos de chumbo" ainda passará por duras provas. Mas com lucidez e sem nenhum messianismo nós visamos a reconstrução de um movimento revolucionário e de liberação mais eficaz, mais inteligente, mais humano, mais sorridente que nunca.

Félix Guattari, Toni Negri
Rebibbia-Paris, 1983–1984[22]

---

[22] Rebibbia é o nome da prisão onde Negri foi encarcerado antes de se refugiar na França. [N. T.]

Apêndices

Das liberdades na Europa,
Félix Guattari

Ainda que nos recusemos a tomar o seu partido, acostumamo-nos ao fato de que, nos países do Leste e na maior parte dos países do Terceiro Mundo, os direitos e as liberdades são submetidos ao arbítrio das forças políticas que controlam o Estado. Mas não estamos prontos para admitir e encarar o fato de que eles são igualmente ameaçados no Ocidente, nos países que se proclamam os campeões do "mundo livre".

Trata-se aqui de uma questão difícil, da qual não podemos nos desembaraçar devido às dramáticas implicações humanas, que dificilmente são alteradas quando nos prendemos a declarações de princípio. Ora, é impossível não reconhecer que, há cerca de uma década, todo um conjunto de direitos e de liberdades, toda uma série de espaços de liberdade não cessa de perder terreno na Europa. O fato é inequívoco, basta considerar o destino dos imigrantes ou as distorções que o direito de asilo político acabou de sofrer na França. Mas isso não é menos evidente se, afastando-nos de um juridicismo estreito, considerarmos a evolução concreta do "direito" a dispor de um mínimo de meios materiais de vida e de trabalho para dezenas de milhões de pessoas na Europa (desempregados, jovens, idosos, "não garantidos" etc.), do "direito à diferença" para as minorias de toda natureza, do "direito" a uma expressão democrática efetiva para a maioria das populações.

Um reflexo militante — que data, é verdade, de outra época — poderia nos levar a objetar que não se pode pôr no mesmo plano os conflitos relativos às liberdades jurídicas formais e a conquista de novos espaços de liberdade, relativos às lutas concretas: a justiça nunca esteve acima do embate social, a democracia sempre foi mais ou menos manipulada; não haveria nada, ou apenas muito pouco, a esperar do primeiro campo e, inversamente, tudo a realizar no segundo.

No que me diz respeito, os casos de extradição e os processos políticos pelos quais fui levado a me interessar nestes últimos anos (casos "Bifo", Klaus Croissant, Piperno e Pace, François Pain, Toni Negri...)[23] levaram-me a rever o meu julgamento sobre a importância que convinha dar a essas liberdades supostamente formais e que hoje me parecem completamente inseparáveis das outras liberdades de "terreno", para falar como os etnólogos. Mais que nunca, não deveríamos nos contentar com uma denúncia global — esta, verdadeiramente formal — da justiça burguesa. O fato de que a independência da

[23] Franco "Bifo" Berardi, Lanfranco Pace, Franco Piperno e Toni Negri, intelectuais e militantes italianos presos e/ou exilados por acusações de terrorismo; Klaus Croissant, advogado dos líderes da RAF, fugiu da Alemanha para a França, onde tentou pedir asilo, mas foi preso e extraditado; François Pain, cineasta francês preso preventivamente por acusação do roubo de uma bolsa numa manifestação operária. Em todos esses casos, segundo a interpretação de Guattari, que atuou firmemente em sua denúncia, as acusações e prisões obedeciam a tentativas de repressão política dos movimentos dos anos 1970. [N. T.]

magistratura frequentemente não passe realmente de um engodo, longe de levar-nos a renunciá-la e reconduzir-nos à mitologia espontaneísta dos assim chamados "tribunais populares", deveria nos levar a refletir sobre os meios de torná-la efetiva. A especialização das funções sociais e a divisão do trabalho são o que são; além disso, nada nos permite antecipar — seja a curto ou a médio prazo — uma transformação profunda das mentalidades; portanto, é pouco razoável esperar que as sociedades organizadas consigam dispensar tão cedo um aparelho de justiça. Isso não significa que ele deva ser aceito como é, mas, ao contrário, que é essencial redefinir seu modo de formação, suas competências, seus meios, suas articulações possíveis com um ambiente democrático... Para responder a esses objetivos, as lutas em favor das liberdades deveriam então dotar-se de novos instrumentos que lhes permitam conduzir ao mesmo tempo:

— intervenções pontuais em casos concretos de atentados aos direitos e às liberdades;

— uma atividade de maior fôlego vinculada a grupos de advogados, de magistrados, de trabalhadores sociais, de detentos etc. com vista à elaboração de formas alternativas do aparelho de justiça.

As lutas defensivas pelo respeito ao direito e as ofensivas para a conquista de novos espaços de liberdade são complementares. Umas e outras serão convocadas a assumir uma importância ao menos igual a das lutas sindicais ou políticas, e a influenciá-las cada vez mais. É o que parece estar se desenvolvendo na França, com o papel crescente desempenhado por organizações como a Anistia Internacional, a Liga dos Direitos Humanos, a França Terra de Asilo, o Cimade (Comitê Intermovimentos para os Evacuados) etc.

Isso posto, permanece o fato de que não se pode tratar a evolução das liberdades na Europa como uma coisa em si, mantendo-a separada de seu contexto de tensão internacional e de crise econômica mundial. Mas mal enunciei as questões acima e um enxame de problemas se põe a zumbir em minhas orelhas. Essa tensão e essa crise devem ser tomadas como causas do enfraquecimento das liberdades ou, ao contrário, como consequências da ascensão conservadora e reacionária que sucedeu as ondas de lutas pelas liberdades dos anos 1960? Eu gostaria de tentar mostrar que as análises da tensão Leste-Oeste e da crise mundial têm tudo a ganhar se forem reconsideradas sob o ângulo desta questão das liberdades.

Pergunto-me às vezes se as liberdades nas nossas sociedades — aliás, imprudentemente chamadas de "pós-industriais" — não estão fadadas a sofrer uma erosão irreversível devido a certa elevação global da entropia do controle social. Mas esse sociologismo melancólico só me vence nos dias de depressão! Refletindo mais serenamente, não vejo nenhuma razão para vincular um tal destino repressivo à proliferação de maquinismos de informação e de comunicação nas engrenagens da produção e da vida social. Não. É outra coisa que distorce tudo. Não é o "progresso" técnico-científico, mas a inércia de relações sociais ultrapassadas. A começar pelas relações internacionais entre os blocos! A começar por essa corrida permanente às armas, que vampiriza as economias e anestesia os espíritos! Então eu penso que a tensão internacional talvez seja menos um antagonismo permanente entre as duas superpotências — como somos levados a crer — que um meio de que se valem, precisamente, para "disciplinar" o planeta. Em suma, os dois chefes de polícia se dividiram em papéis complementares. Não como no teatro de marionetes, pois aqui os golpes doem muito, mas para aumentar a tensão no sistema, e de tal forma que os fatores de hierarquização do conjunto de seus componentes militares, econômicos, sociais e culturais se encontram exacerbados. Ou seja, lá no alto, no Olimpo dos deuses da guerra, muito barulho, muitas ameaças (e, infelizmente, também muitas coisas realmente perigosas) para que, abaixo, em todos os níveis, a criadagem se mantenha calada!

A esse respeito, é significativo que a defesa das liberdades individuais e coletivas jamais tenha sido uma verdadeira questão nas relações conflitivas Leste-Oeste. Uma vez postas de lado as proclamações e a pompa dos grandes princípios, vê-se bem o seu peso nos grandes *deals* internacionais. O presidente Jimmy Carter chegou ao ponto de se ridicularizar diante da classe política norte-americana ao insistir mais que de costume nesse tema! De fato, os dirigentes ocidentais acomodam-se muito bem ao fato de que os povos do Leste sejam mantidos sob a mão pesada das burocracias totalitárias que lá vigoram. E, para além das aparências, por detrás do estardalhaço ideológico e estratégico, eles parecem conduzir, de fato, políticas similares, visando o mesmo tipo de objetivo: controlar os indivíduos e os grupos sociais cada vez mais de perto, normalizá-los, integrá-los, se possível sem resistência, até mesmo sem que eles percebam, por meio dos equipamentos coletivos, naquilo que diz respeito ao seu desenvolvimento e à sua "manutenção"; da mídia, para modelar o seu pensamento e o imaginário; e, sem dúvida, futuramente por uma espécie de telecomando informático permanente, para lhes designar uma residência territorial e uma trajetória econômica. O resultado já está aqui, já é visível! Cada vez mais segregação produtora de racismo étnico, sexual e etário; cada vez mais liberdade de ação para a casta dos *bosses* e *managers*; e cada vez mais servidão para os peões de base do grande jogo capitalístico. Portanto, o enfraquecimento das liberdades que se vê um pouco em todo lugar dependeria antes de tudo da ascensão de concepções de mundo mais conservadoras e mais funcionalistas. Reacionárias, mas sempre prontas a tomar o "progresso" das ciências e das técnicas, colocando-as ao seu serviço. Esse contexto repressivo não teria se tornado possível, não teria adquirido consistência sem a conjunção política das burguesias ocidentais, das burocracias "socialistas" e das "elites" corrompidas do Terceiro Mundo, no seio de uma nova figura do capitalismo que eu chamei alhures de "Capitalismo Mundial Integrado".[24]

---

[24] *La révolution moléculaire*. Paris: Éditions 10/18, 1980. A mundialização do capitalismo, operada pela incorporação dos países do Leste

A crise, as liberdades... É evidente que elas não existem sem manter alguma relação! A inquietude econômica, por si só, já pesa muito sobre os espíritos, inibindo até mesmo a vontade de contestar, podendo inclusive favorecer efeitos paradoxais, como a passagem de uma fração do eleitorado comunista para a Frente Nacional fascizante de Le Pen na França. Mas, aqui também, a exibição ordinária dos meios de comunicação de massa não corre o risco de falsear o problema? É a crise que pesa sobre as liberdades ou é sobretudo a passividade coletiva, a desmoralização, a desorientação, a desorganização das forças inovadoras potenciais, que deixam o campo livre para o novo "capitalismo selvagem" realizar reconversões de lucro cujos efeitos sociais são devastadores? Por um lado, o termo *crise* é particularmente inadequado quando se trata de denotar o tipo de catástrofe em cadeia que abala o mundo, sobretudo o Terceiro Mundo, há dez anos. Por outro, é evidente que limitar esse fenômeno somente à esfera da economia é completamente ilegítimo. Centenas de milhões de seres humanos estão morrendo de fome, milhares de indivíduos se enfiam cada ano mais na miséria e no desespero, e nos explicam tranquilamente que se trata de questões econômicas cujo desenrolar não se pode antecipar antes da saída da crise! Que nada podemos fazer! A crise cai do céu, ela vai e

<small>Europeu e do Terceiro Mundo, segundo modalidades particulares, é descrita nesse livro como sendo correlativa de uma integração "molecular" sempre mais intensa das faculdades humanas e de seus afetos por meio da mídia, dos equipamentos coletivos, dos aparelhos de Estado etc. [Trad. bras.: *A revolução molecular*. Trad. Suely Rolnik. São Paulo: Brasiliense, 1981]. [N. E.]</small>

vem, como o granizo ou o ciclone Hortênsia![25] Somente os sacerdotes — os famosos e distintos economistas — teriam algo a dizer sobre isso. Mas se há um campo onde o absurdo beira a infâmia, é bem esse! Pois, afinal, que necessidade haveria de associar as reconversões industriais e econômicas a esse atoleiro em que estamos, mesmo que elas fossem planetárias e desencadeassem os remanejamentos mais profundos dos meios de produção e do *socius*? Novamente se apresenta a urgência de um giro de 180 graus nos modos de pensar tais problemas. É o político que precede o econômico. Não o contrário! Ainda que, no estado atual das coisas, seja difícil afirmar que o político fabrica toda a crise (pois há efeitos de causação, interações catastróficas que ninguém mais controla, por exemplo, entre as devastações econômicas e os desastres ecológicos, ou em outra ordem de ideias, entre as moedas e o mercado do petróleo), permanece o fato de que ele deve ser considerado o responsável por seus efeitos sociais mais perniciosos. E a saída da crise, ou se se prefere, da série negra, ou será política e social ou não existirá! De modo que a humanidade continuará a caminhar para uma não se sabe qual última implosão.

E a Europa em tudo isso? Ela é louvada frequentemente como uma região de liberdade e de cultura cuja vocação seria equilibrar as relações Leste-Oeste e trabalhar pela promoção de uma nova ordem internacional entre o Norte e o Sul. É verdade que, no último período, a sua vertente alemã começou a descobrir todo o inte-

---

[25] Ciclone que atingiu a Espanha e a França em outubro de 1984. [N. T.]

resse que haveria para ela em acalmar o jogo. Mas ainda se está bem longe de uma política europeia autônoma e coerente. Ainda mais porque a França se aferra ao seu papel tradicional de Dom Quixote da defesa avançada do Ocidente! Na verdade, a liberdade de ação da Europa se reduz, como uma pele de onagro,[26] à medida que se torna mais evidente que não sairá ilesa da grande prova de reestruturação do capitalismo mundial. Ela continua de mãos e pés atados à axiomática estratégica econômica e monetária dos Estados Unidos. Ela é mais que nunca enredada naquilo que os seus tecnocratas estimam ser "arcaísmos" nacionalistas e nacionalitários bem como em seus "corporativismos" de toda espécie. Em vez de desenvolver uma dinâmica unitária entre os povos que ela devia reunir, a Comunidade Econômica Europeia[27] exumou e exacerbou entre eles ódios que se acreditava extintos há muito tempo. E para piorar as coisas, o conjunto de seu flanco mediterrâneo cai pouco a pouco numa forma intermediária de terceiro-mundialização.

A liberdade é um direito! É até mesmo o primeiro de todos. Mas o mínimo que se pode dizer é que não é um direito adquirido. As liberdades concretas não cessam de flutuar ao sabor das relações de força e em razão do abandono ou da vontade de reafirmá-las. Para se pre-

---

[26] Referência à *La peau de chagrin*, escrito em 1831 por Honoré de Balzac. Trata-se da história de um jovem que encontra um pedaço de chagrém que, embora seja capaz de realizar seus desejos, diminui de tamanho e consome uma porção de seu tempo de vida a cada desejo realizado. [N. T.]

[27] Bloco precedente à União Europeia, criado pelo tratado de Roma em 1957. [N. T.]

caver contra as generalidades e as abstrações nesse terreno, mais vale falar de *graus de liberdade* ou, melhor, de *coeficientes diferenciais de liberdade*. A liberdade humana nunca é de um único titular. Mesmo no caso limite da solidão na torre de marfim, ela se instaura somente em relação aos outros, a começar pelos blocos de alteridade introjetados no eu. Na prática, as liberdades se desenrolam somente em relação ao direito consuetudinário que se instaurou com os meus próximos e minha vizinhança, com relação à submissão daqueles que estão sob o meu poder, sob os efeitos de intimidação e de sugestão de instâncias que me dominam e, em último lugar, com relação aos regulamentos, aos códigos e leis relativos a diversos domínios públicos. Da mesma forma que na Antiguidade o estatuto do cidadão livre instituiu-se sobre o fundo de uma escravidão generalizada, hoje as liberdades dos adultos brancos dispõem, na Europa, de um mínimo de rendimentos, encontram seu *"standing"*[28] sobre o fundo de servidão dos Terceiros Mundos interiores e exteriores. Tomando a França como exemplo, isso significa que a vontade mais elementar de defender os direitos dos imigrantes ou de salvaguardar o direito de asilo político — seja ela desprovida de motivações políticas, seja decorrente da simples caridade — poderia acabar por levar muito longe. Pois o que ela põe em causa não é somente o respeito aos direitos formais, mas toda uma concepção do mundo, os axiomas cruciais de segregação, o racismo, o retiro intelectual, a

---

[28] "Padrão de vida". [N. T.]

ideologia securitária e a perspectiva de uma Europa das polícias em vez de uma Europa das liberdades... Aliás, é por isso mesmo que, no clima reacionário atual, bem pouca gente sai de seu torpor para se mobilizar por tais objetivos!

O respeito pelos direitos do homem, tanto no Leste quanto no Oeste, no Norte como no Sul; a paz e o desarmamento, impostos aos Estados pelas ondas incessantemente renovadas da "desmoralização pacifista";[29] a instauração de relações visando o desenvolvimento dos potenciais humanos entre os países ricos e o Terceiro Mundo: eis quais poderiam ser os principais eixos internacionais de uma nova prática social de emancipação e de conquista de espaços de liberdade. Mas essas temáticas só poderão tomar corpo em lutas significativas na medida em que aqueles que tiverem vontade de colocá-las em ato souberem avaliar concretamente a dupla natureza que o Capitalismo Mundial Integrado opõe a tal projeto, a saber:

1) uma adversidade objetiva em constante renovação devido às transformações aceleradas dos meios de produção e das relações sociais;

2) uma obnubilação subjetiva, uma verdadeira produção em escala industrial de subjetividade individual e coletiva, tal que não cause estranhamento que a eficácia mais temível se encontre entre as suas próprias fileiras.

•

---

[29] Alusão ao tema da "desmoralização do exército" desenvolvido pelos socialistas no início do século XX. [N. E.]

Sem me estender em demasia, gostaria agora de evocar as condições às quais, em minha opinião, os futuros agenciamentos militantes, as futuras máquinas de luta pela paz e pela liberdade sob todas as suas formas deveriam responder. Não pretendo, em absoluto, possuir uma definição exaustiva nem propor um modelo "de pronta entrega"! Trata-se apenas de extrair alguns ensinamentos do período fausto dos anos 1960 e do descaminho que a ele se seguiu. Fomos ao mesmo tempo ingênuos, confusos, cegos e esclarecidos, às vezes sectários e limitados, mas frequentemente visionários e portadores do futuro. É óbvio, porém, que esse futuro não será à imagem de nossos sonhos de então! Mas estou convencido de que há pontos de encontro e que, portanto, muitos de nós têm pontos de encontro com certas questões de método possíveis de se extrair das formas de luta e dos modos de organização daquela época, e que certas lições podem ser tiradas das experiências nas quais alguns sacrificaram seus mais belos anos. Como vejo, são três lições:

1) As novas práticas sociais de liberação não estabelecerão entre elas relações hierárquicas; o seu desenvolvimento responderá ao princípio de *transversalidade* que lhes permitirá instaurar-se "diagonalmente", em "rizoma", entre grupos sociais e interesses heterogêneos. As armadilhas a evitar são:

a) a reconstituição de partidos de "vanguarda" e de estados-maiores que ditam a sua lei e que modelam os desejos coletivos segundo um modo paralelo — ainda que formalmente antagonista — ao do sistema dominante.

É desnecessário demonstrar a ineficácia e o caráter pernicioso desse gênero de dispositivo;

b) a compartimentação entre as práticas militantes, conforme visem seja a objetivos políticos de envergadura, seja à defesa de interesses setoriais, seja à uma transformação da vida cotidiana... E a separação entre, de um lado, a reflexão programática e teórica e, de outro lado, uma analítica — toda por inventar — da subjetividade dos grupos e dos indivíduos engajados concretamente na ação.

Esse caráter transversalista das novas práticas sociais — recusa das disciplinas autoritárias, das hierarquias formais, das ordens de prioridade decretadas do alto, das referências ideológicas forçadas... — não deve ser considerado contraditório com a implementação, evidentemente inevitável, necessária e mesmo desejável, de *centros de decisão* que utilizem, se necessário, as tecnologias mais sofisticadas de comunicação e visem uma eficácia máxima. Toda a questão aqui é promover procedimentos analíticos coletivos que permitam dissociar o *trabalho da decisão* e os *investimentos imaginários de poder*, que só coincidem na subjetividade capitalística porque esta perdeu as suas dimensões de singularidade e foi massivamente convertida no que se poderia chamar de Eros da equivalência: "pouco importa a natureza de meu poder, visto que eu disponho de um certo capital desse poder abstrato".

2) Uma das finalidades principais das novas práticas sociais de liberação será o desenvolvimento, mais ainda que a simples salvaguarda, dos *processos de singularização*

coletivos e/ou individuais. Entendo por isso tudo o que confere a essas iniciativas um caráter de subjetivação viva, de experiência insubstituível que "vale a pena ser vivida", que "dá um sentido à vida". Após décadas de chumbo do stalinismo, após as múltiplas idas e vindas ao poder dos social-democratas (sempre o mesmo cenário de compromisso, de covardia, de impotência e de fracasso), após o escoteirismo limitado e desonesto dos grupúsculos, a militância viu-se impregnada de um odor rançoso de igreja que doravante suscita um movimento legítimo de recusa. Apenas a sua reinvenção, a partir de novos temas, a partir de uma subjetividade dissidente, carregada por grupos-sujeitos, permitirá reconquistar o terreno abandonado às subjetividades pré-fabricadas pela mídia e pelos equipamentos do capitalismo *new-look*. Eis-nos trazidos de volta a essa necessidade de inventar uma analítica coletiva das diversas formas de subjetividade "engajadas". A esse respeito, nós não partimos exatamente do zero. Haveria muito a aprender sobre o modo como os Verdes na Alemanha ou o Solidarność na Polônia construíram com sucesso novas formas de vida militante. Também temos exemplos negativos inversos no sectarismo do ETA militar basco ou nos monstruosos desvios terroristas e dogmáticos das Brigadas Vermelhas na Itália, que inexoravelmente levaram à decapitação dos movimentos de liberação que, sem dúvida, eram os mais ricos e os mais promissores da Europa.

Repito, parece-me que o único meio de escapar desse gênero de fatalidade mortífera é fornecer os meios de uma gestão analítica dos processos de singularização, ou de "pôr em dissidência" da subjetividade.

3) Essas máquinas militantes mutantes, por espaços de liberdade transversais e singularizados, não terão nenhuma pretensão à perenidade. Elas assumirão tanto mais a sua fundamental precariedade e a necessidade de renovação incessante quanto mais elas forem levadas por um movimento social de grande amplitude, este de longa duração. É o que as conduzirá a urdir *novas e largas alianças* que as farão abandonar a sua mais grave doença de infância, a saber, a propensão tenaz para viver como minorias cercadas. Trata-se aqui de promover uma lógica de alianças multivalentes, que frustra ao mesmo tempo esta, dúplice, das combinações de poder e aquela, purista e sectária, dos movimentos dos anos 1960, que as levou a se separar definitivamente da grande massa da população. Sua abertura transversalista deverá ser suficiente para colocá-las em condição de se articular a grupos sociais cujas preocupações, estilos e modos de ver são muito distantes dos seus. Isso só será possível quando elas assumirem, precisamente, sua finitude e sua singularidade, e quando elas souberem se desprender sem apelo e sem segundas intenções do mito perverso da *tomada do poder do Estado* pelo partido de vanguarda. Ninguém mais tomará o poder em nome dos oprimidos! Ninguém mais confiscará a liberdade em nome da liberdade. Doravante, o único objetivo aceitável é a tomada da sociedade pela própria sociedade.[30]

---

[30] No sentido em que a Polônia contestatória hoje opõe a sociedade e o

O Estado é um outro problema! Não se trata nem de se lhe opor de maneira frontal, nem de flertar com a sua degenerescência lenta nos amanhãs do socialismo! De certa maneira, tem-se o Estado que se merece! Quero dizer que o Estado é o que permanece como uma das formas mais abjetas do poder quando a sociedade se desvia de suas responsabilidades coletivas. E não é só o tempo que levará a termo essa secreção monstruosa, mas antes de tudo as práticas organizadas que permitem à sociedade de se livrar do infantilismo coletivo ao qual a destinam a mídia e os equipamentos capitalísticos. O Estado não é um monstro exterior que precisamos afugentar ou domar. Ele está em toda parte, a começar em nós mesmos, na raiz do nosso inconsciente. É preciso "fazer com". É um dado incontornável da nossa vida e da nossa luta.

A transversalidade, a singularização, as novas alianças. Eis os três ingredientes que eu gostaria de ver em profusão no prato das liberdades. Então veríamos o famoso "atraso" da Europa e os seus "arcaísmos" bem conhecidos mudarem de cor. Eu sonho com o dia no qual os Bascos e os clandestinos de Ulster, os Verdes alemães e os mineiros escoceses e galeses, os imigrantes, os pseudo-católicos poloneses, os Italianos do sul e a matilha sem nome de todos aqueles que não querem ouvir nada, nada saber disso que lhes propomos, se porão a gritar: "sim, somos todos arcaicos e podem enfiar a sua modernidade onde quiserem!". Então a passividade e a desmoralização se transformarão em vontade de liberdade e a liberdade

Estado-partido. [N. E.]

em força material capaz de desviar o curso de uma história suja.

Félix Guattari
Montreal, novembro de 1984

Carta arqueológica,
Antonio Negri

Caro Félix,
Pedem-me para participar do encontro de vocês em Montreal, e estou feliz em pensar nisso. Mas a ideia de enviar um texto pelo correio para esse encontro distante não me agrada, pois pareceria seco e pretensioso. Pensei bem e cheguei à conclusão que o melhor a fazer é pedir-lhe para ler esta carta durante a convenção[31] — a última dentre as cartas que te enviei e que diz respeito, como de costume, ao nosso trabalho sobre a "prática social". Desse modo você será levado a intervir, esclarecer os pressupostos da discussão, e quem sabe polemizar com os outros e comigo. Eis como a minha intervenção distante e seca tornar-se-á mais cálida e próxima — tão próxima quanto o meu desejo de retomar uma discussão produtiva com todos os companheiros após alguns anos de ausência forçada.[32]

Ora, era evidente que, após haver traçado alguns elementos programáticos muito gerais em *Les nouvelles al-*

---

[31] A presente carta foi escrita por Negri em outubro de 1984, um mês antes da referida convenção, na qual Guattari apresentou *Liberdades na Europa*, disponível no primeiro apêndice. [N. T.]

[32] Nessa época, Negri estava exilado na França, não podendo realizar viagens internacionais. [N. T.]

liances,³³ fomos obrigados a abordar, você e eu, o problema da prática social. Os programas serão certamente realizados de outra forma; é inútil enunciá-los. Mas é também verdade que, acerca de um tema como o da prática social, nos últimos anos despejou-se tanto descrédito e ironia — são tantos os renegados! — que se é obrigado a perguntar não apenas se uma prática social, uma militância subversiva e transformativa são ainda possíveis, mas até mesmo se um programa pode ser formulado e se um discurso revolucionário pode ser comunicado. Para compreendê-lo e eventualmente afastar as dúvidas, vejamos as coisas mais de perto.

Anteriormente, eu estava convencido de que as duas possibilidades — do programa e da prática — estivessem ligadas entre si por uma única verificação: se a prática deve verificar a verdade do programa, o programa se forma somente na medida em que os sujeitos o realizam. Quando eu era mais jovem, chamávamos "pesquisa em comum" [*conricerca*] esse círculo virtuoso, e o fazíamos viver em concreto na luta de classe. Nos anos 1960, nas grandes fábricas, com os operários da Fiat ou do setor petroquímico, tínhamos um único modo de verificar a prática imediata e a verdade da recusa do trabalho: com a paralização das instalações, isto é, das fábricas. O nosso ceticismo arrogante com a ideologia se valia da prática como único critério de verdade. A verdade era indicada na sua evidência. Como eram wittgensteinianos os nossos operários!

---

³³ Título previsto inicialmente para o livro. [N. T.]

A esse respeito, hoje seria fácil — mas provavelmente não realista — repetir aquele franco e talvez brutal "*verum ipsum factum*".[34] De fato, não parece que o problema da prática social possa ser resolvido por tal repetição. Nem pela repetição teórica de um método, nem pela rememoração fantástica e felicíssima das práticas do passado. Um método não é um instrumento que pode ser aplicado indiferentemente, como a manifestação de um sujeito hegemônico, de uma verdade emergente, de uma historicidade triunfante. É por isso que não se acredita naqueles que, no atual cansaço da vontade e na indubitável atenuação da memória coletiva, fingem uma virgindade, uma adolescência crítica, ou uma acne numa pele não mais imberbe, e que imaginam uma felicidade inovadora nos ritmos lineares do conhecimento e aberturas indefinidas... Diante disso uma coisa é certa: que fomos vencidos, que essa derrota tem uma espessura ontológica que é tão importante quanto aquela que a transformação das consciências, na luta revolucionária, construiu como riqueza de necessidades, de desejos e de inteligência.

Então perguntemo-nos: a espessura da derrota anula a espessura da transformação? Não sei. De todo modo, vejamos. Fomos derrotados. Devemos reconhecer. Devemos nos convencer de que não há memória nem repetição possível de um evento. Mesmo se tudo isso se resolvesse, não seria um Ulisses que retorna a Ítaca, nem

---

[34] Livremente, "a verdade está no fazer". Proposição epistemológica cunhada por Giambattista Vico para indicar que o homem só pode conhecer aquilo que ele mesmo construiu, pois conhecer é conhecer a gênese. [N. T.]

um Abraão que vai para o desconhecido. Essa derrota é um limite sólido, um obstáculo que somente uma capacidade de crítica enorme conseguirá retirar da via do conhecimento e da subversão social. Só nos resta repensar a derrota, as suas razões, os modos pelos quais o inimigo nos venceu, lembrando que não há linearidade da memória, há apenas uma sobrevivência ética. Hoje tenho diante de mim a modernização industrial, a redescoberta do lucro e a reinvenção do mercado — "*dura lex sed lex*". Fomos vencidos. A cultura e as lutas dos anos 60 foram derrotadas nos anos 70. Os anos 80 veem a vitória do capitalismo consolidada. É então provável que eu seja um resíduo arqueológico, que a derrota seja mais importante que a transformação que vivemos. Exceto que...

Exceto que não podia ter existido modernização que evitasse os lugares nos quais estávamos presentes, pois para o inimigo a nossa derrota era anterior ao seu projeto, era a causa formal da sua modernização. Mas que coisa pode unir a nossa negatividade à afirmação dele? O fato é que modernização é somente repetição e mistificação potente daquilo que nós éramos, do saber que possuíamos. Dou alguns exemplos. Em primeiro lugar, nas fábricas. Negativamente, o bloqueio do comando que nós constituíamos foi rompido, e a reivindicação do salário garantido, que impúnhamos segundo a progressão da demanda efetiva e de desejos então impossíveis de conter, foi repelida. Ainda nas fábricas, agora positivamente, foi preciso, por parte dos patrões, construir uma nova hierarquia da produção que premiava com "menos trabalho" quem aceitava o comando. A automação é livremente inventada por esse saber que regurgita a recusa do trabalho, mas é, por outro lado, aplicada para romper e mistificar o caráter geral dessa necessidade operária e proletária. Em segundo lugar, na sociedade. Por meio de um manejo atento, articulado e inteligente da "despesa pública", estávamos organizando um novo modelo de jornada de trabalho social. Para modernizar, eles tiveram que nos vencer também nessa frente social, por meio da inflação, da renovação e endurecimento das regras de exclusão (repressivas, hierárquicas, funcionais etc.) — mas, ao mesmo tempo, tiveram que se dobrar aos grandes processos de terceirização e de socialização das capacidades empreendedoras. Como consequência, isso os obrigou a implementar um controle informático generalizado. Nesse âmbito, ainda está se desenrolando uma batalha por poder, de forma alguma decidida. A informatização do social é livremente inventada pela utopia positiva, operária e proletária de um tempo de jornada de trabalho subtraído do comando do patrão e efetivado na horizontalidade da cooperação operária; mas, por outro lado, ela é aplicada para romper a pressão dessa necessidade e para explorar capitalisticamente a potência do trabalho social, um trabalho que se liberou de uma territorialização industrial parasitária e que se mostra como universalidade social. Por fim, onde quer que as lutas e os desejos de liberação se manifestassem, vimos um mecanismo idêntico de repressão do nosso poder e de mistificação do nosso saber — uma feroz e maldita dialética na qual fomos esmagados.

Percorrer essa dialética inimiga pelo seu interior — quando é necessário fazê-lo — não significa que hoje devemos esquecer a derrota sofrida. Ao contrário, significa avaliar a sua intensidade. Não significa a restauração de uma memória impossível, mas, em vez disso, confrontar-se com a nova totalidade da máquina de domínio. Totalidade que é sempre aquela do inimigo — uma totalidade que reclassifica os elementos da história concreta e os configura na circularidade funcional do comando. Possuímos segmentos importantes, talvez fundamentais, que a máquina de domínio está atualmente reorganizando em nova totalidade. Nossa memória pode às vezes percorrer alguns desses segmentos, mas, após e no interior da derrota, nosso saber está sem força: ele não logra nos arrancar de dentro desse potente mundo mistificado que nos é oferecido, dentro dessa cena de coisas e de ordens. Para recomeçar a viver e a organizar o saber devemos então romper essa nova totalidade. Para recobrar a potência da nossa segmentaridade, devemos arrancar nosso ser-segmento à totalidade na qual está aprisionado. Sem destruir a totalidade à qual fomos submetidos, não haverá afirmação da nossa contingência, da nossa particularidade que possa — como ocorreu antes — dedicar-se à reconstrução do mundo.

A destruição dessa coerção da totalidade põe-se então como primeiro ato da prática social. Não por memória do passado ou por nostalgia de convulsões anárquicas e raivosas, nem pelo bolchevismo profissional e jesuítico, nem, enfim, para participar de um novo ritual dionisíaco que, aferrando-se ao coração do Estado, dele se apropria e ao mesmo tempo o destrói. Mas porque essa destruição é o único modo de escapar à prisão da totalidade e sermos livres como segmentos, como particularidades. É somente nesse ato de liberdade destrutiva que hoje se pode fundar qualquer prática construtiva.

O reformismo, o revisionismo, o socialismo (em suma, todos os modos para significar aquilo que, no movimento real, se opõe ao comunismo), pois bem, tudo isso que trabalhou para, acima de tudo, negar o nexo entre liberação e emancipação. Seja o rebaixamento social-democrata, a inovação sobre a continuidade dos valores ou o terrorismo stalinista da redução burocrática da liberação para a emancipação, em cada caso essa relação é negada e, na sua fecundidade, opõem-se-lhes sequências monstruosas.

Não é então estranho que o conceito de "esquerda" se torne átono e insignificante, quando um dos seus elementos constitutivos fundamentais — precisamente o nexo entre liberar e destruir — foi posto de lado. O conceito de "esquerda" é um conceito de guerra: como se pode pretender esquecer as dimensões destrutivas, como se pode renegar a tensão de potência que rege a vontade de liberação? É ainda mais paradoxal o fato de que o grande aumento da nossa capacidade de compreender o poder — a sua extensão tal como descrita por Foucault, a sua penetração molecular, descrita por nossos mais caros mestres e camaradas — seja imputado e usado contra nós. É como se a consciência da complexidade, em vez de predispor a uma mais alta eficiência de destruição, fosse um labirinto de onde não pudéssemos mais sair. Por que a capacidade de dominar a complexidade não deveria ser dada ao saber da transformação — e de fazê-lo amando as singularidades que a compõe, e contra a necessidade que, em contrapartida, pertence ao poder inimigo e às forças da conservação, da destruição de cada razão singular de liberdade e de vida?

Ademais, há uma espécie de renitência, de desconfiança ontológica, para não dizer uma manifesta alergia ética, em face da ideia de destruição, mesmo entre nossos amigos e companheiros mais próximos. O comunismo é de fato imaginado justamente como um aumento do ser. Se não estivéssemos convencidos disso desde sempre, o feminismo acabaria por nos ensinar. Mas essas resistências são injustas porque a destruição que a liberação comunista exige não reduz a superfície do ser. A esse propósito, gosto de confrontar a nossa "destruição" com as funções da dúvida filosófica na história do pensamento. De fato, a dúvida não insultava, mas descobria o horizonte do ser. A dúvida, em todas as suas formas, da ignorância socrática à dúvida cartesiana. Mas de que força destrutiva ela é capaz na luta pela transformação crítica? Examinemos a dúvida cartesiana: no mundo do século XVI, no qual a burguesia se afirma e o Estado moderno nasce, no qual as ideias têm realidade, as tradições são dotadas de uma potência e o mágico ainda constitui um horizonte sólido, a dúvida não é somente uma ciência que toca as ideias, mas sobretudo uma prática que incide sobre sua concretude, sua existência mecânica e sua consistência material. A dúvida é uma prática social destrutiva de coisas, não somente de fantasmas e de ideias fictícias. É destrutiva na medida em que afirma a liberdade. Não é uma suspensão da realidade, mas um poder contra a figura mistificada do real, contra a prepotência do poder e das suas formas ilusórias — fé, erro, falsidade e todos os "ídolos" do conhecimento. A liberação, a existência ética na verdade, podem existir somente a partir da destruição da prisão do conhecer.

O "*posse*" [poder] está, portanto, antes do "*nosse*" [conhecer]. Em todos os casos. No caso do patrão que, para nos dominar e nos retirar o saber, funda, a cada passo, sua própria dignidade sobre o poder. O poder é para ele condição material do conhecer. Mas igualmente de nossa parte o poder é condição do conhecer. Condição formal e não material, mas nem por isso menos efetiva. Cada vez que o saber nos é retirado, é porque fomos vencidos no terreno do poder. Certo, a nossa relação com o saber por meio do poder não é coisa vulgar — não tem o significado arbitrário e cego da antecipação, ou melhor, da contínua sobredeterminação do saber. Em contrapartida, tal é a qualidade da relação que o patrão mantém com o ser na medida em que a lei do valor desapareceu, e com ela o papel progressista do capital. Entretanto, no pensamento da transformação, a relação entre saber e poder é aquela plena e fecunda que se estabelece entre destruir e liberar na prática social transformadora. Agrada-me brincar com a antiga dupla "racional/irracional": nessa metáfora a antecipação capitalista do poder sobre o conhecer é irracional; a relação proletária é, ao contrário, racional. Por racional entende-se aqui essa forma que produz o seu próprio conteúdo. Do ponto de vista proletário, o poder e o conhecer, a destruição e a liberação se contêm formalmente e se nutrem mutuamente. O caráter contemporâneo formal do saber é condição da antecipação material do poder na ação proletária. O saber legitima, o poder o torna justo.[35]

Voltemos assim, meu caro Félix, às determinações da nossa interrogação sobre a prática social. Para recomeçar a análise, desenvolvamos algumas premissas. Em primeiro lugar, se a destruição é condição interna da liberação, se a dinâmica é fundamental para a definição do pensamento da transformação, não é por isso que o processo da prática social consiste em um simples fluxo. Ao contrário, nós só podemos considerar as práticas sociais como "*consistance d'agencements*", ou seja, investimentos e compromissos sociais. Assim, por um lado, essa consistência é inteiramente ontológica. Ela não prevê nem admite superestruturas e sobredeterminações. Por outro lado, essa consistência ontológica é uma trama de *phylums* estruturais e de dimensões que são cada vez territorializadas de modo específico. A especificação é dada segundo a série histórica do desenvolvimento das formas e das fases da organização social. Ora, o que significa es-

---

[35] Um raciocínio análogo pode ser feito relativamente às dimensões temporais da antecipação do poder sobre o saber, e, portanto, acerca da diferente qualidade ontológica que a temporalidade assume sob o ponto de vista do capital e sob ponto de vista da prática social transformadora. A esse respeito, ver a minha obra *Macchina tempo: rompicapi, liberazione, costituzione*. [N. A.]

pecificar, determinar o nexo entre o destruir e o liberar, entre o poder e o saber dentro desse quadro? Como se manifesta essa relação quando nós, do discurso generalíssimo, descendo para a dimensão concreta da nossa sociedade, para o horizonte determinado do nosso campo ontológico, nos confrontamos com a consistência maquínica e desterritorializada das instituições e dos "*equipamentos coletivos*", estatais, repressivos, capitalistas?

Podemos abordar esse problema segundo duas perspectivas. A primeira é a da organização estrutural do Estado e que vale aqui como exemplo. A segunda é aquela específica da organização do processo de liberação. Ora, em ambas, o problema é constituído pela multiplicidade dos sentidos nos quais se pode definir a complexidade dos segmentos sociais, das funções ontológicas e materiais que, por convergência, entrelaçam-se sincronicamente e acumulam-se historicamente e, progressivamente, formam uma totalidade estrutural.

É evidente — como você, Félix, sustenta — que quando se fala, por exemplo, de Estado, fala-se de uma dimensão ontológica complexa e estratificada, que compreende no seu interior uma série de níveis que se tornaram disponíveis gradualmente para a territorialização do comando. Esses segmentos não compõem somente o Estado, mas se produzem e reproduzem na própria subjetividade — se bem que é altamente problemático falar de extinção do Estado e decididamente absurdo falar, fora de qualquer metáfora, da sua pura e simples destruição. É claro, sempre se poderá conceber um novo tipo de composição dos segmentos sociais no Estado, uma composição aberta ao sentido dos *phylums* mais desterritorializados e em ruptura com as políticas capitalísticas de reterritorialização. Mas tudo isso supõe a permanência e a consistência de um acúmulo histórico de experiências ontológicas.

Se agora retomarmos o problema do ponto de vista da composição da sociedade e dos sujeitos sociais, compreende-se, paralelamente aos processos que descrevemos a nível estatal, como aqui se produzem processos análogos. Quero dizer que, se no Estado, na estratificação da sua estrutura, podemos ler o desenvolvimento difícil das experiências de organização da sociedade e a acumulação dos *equipamentos* destinados à organização do trabalho social, da mesma forma podemos encontrar elementos de consistência e de composição na consciência dos sujeitos sociais e nos seus comportamentos massificados: experiências de luta, derrotas e vitórias, de liberação e organização, mas sobretudo a história e o *phylum* daquele saber de liberação que este amplo desenvolvimento nutriu.

Houve um tempo em que, no seio do operaísmo italiano e europeu, falava-se de composição técnica e de composição política das classes sociais. A dupla abordagem era apenas metódica. Na verdade, a definição era absolutamente compacta e as articulações eram verificadas justamente na dimensão do vivido. Entretanto, é importante sublinhar a coincidência que hoje podemos encontrar entre as metodologias do operaísmo e as metodologias mais avançadas da investigação histórico-social. Seguindo as séries históricas do desenvolvimento da organização da jornada de trabalho, do mercado do trabalho, da estrutura da produção e da reprodução, e sobretudo a série dos ciclos de luta, logrou-se, no âmbito do operaísmo, desenvolver aquilo que eu considero uma descrição não superada e insuperável da evolução das formas da consciência de classe. Agora essa antiga pesquisa se vê, portanto, confirmada. Também a história do partido — ou seja, a história da dialética contínua da consciência de classe entre *equipamento* institucional e *agenciamento* revolucionário, nas suas figuras da anarquia à social-democracia, do socialismo ao leninismo — era explicada dentro da linha evolutiva da composição de classe. Que fique claro que, nessa evolução, descobria-se um verdadeiro acúmulo, uma dinâmica subjetiva de classificação e de seleção, de constituição. Tudo aquilo que se fixava nas consciências e nas experiências de organização tornava-se material crítico de um projeto de liberação continuamente novo. Sob esse aspecto, o leninismo efetivamente superou o anarquismo e a social-democracia (seus antecessores imediatos e adversários) ao reduzi-los a segmentos de uma nova forma organizativa, ao recuperá-los e reclassificá-los no interior desse *agenciamento* original que ele próprio constituía.

Do mesmo modo, hoje, por mais que as lutas de liberação tenham amadurecido e alcançando níveis decisivos, é evidente que nelas o operário da automação e da informatização social compreenderia e superaria o leninismo na nova forma social de organização e da luta de liberação. O leninismo rivaliza com a liberação assim como a anarquia com o leninismo. Nessa nova perspectiva da luta e da organização, o leninismo é certamente o elemento a ser superado, ainda que ele viva para sempre nos *agenciamentos* que nós predispomos.

•

Podemos assim voltar a discutir a relação entre liberação e destruição. No nível atual da prática social, em que pode e deve consistir o momento da destruição? Deve consistir na desestruturação da totalidade na qual, após a derrota dos anos 1970, os segmentos da vida social e produtiva bem como o saber proletário estão sendo reorganizados em Estado. Derrotar a assim chamada modernização não implica negar a importância das passagens técnicas e materiais por meio das quais ela se realizou. Trata-se, antes, de subtraí-las, liberá-las da totalidade, permitir-lhes se moverem contra a finalidade que o capitalismo quer lhes impor atualmente, ou seja, trata-se de mover-se contra a reterritorialização ordenada à qual ele pretende constrangê-las. Destruir é pôr em ato um processo de deslocamento geral do conjunto dos componentes da produção e da reprodução. O leninismo não pode, é certo, ser o motor fundamental de um processo social dessas dimensões e a esse nível. Dessas dimensões e dessas qualidades ele é desprovido desde a origem. Dado o seu alheamento às necessidades revolucionárias de uma classe produtiva social, modelada por uma consciência hegemônica, ele pode ser novamente criticado. Mas criticar Lênin nesse sentido não significa tratá-lo como um cachorro morto — ele vive e sempre viverá como apelo forte à indelével função da luta de classe, como indicação da necessidade de destruir a totalidade do dispositivo de comando inimigo, tarefa sempre a renovar para quem deseja a liberação. O deslocamento do quadro da liberação compreende então, como experiência central, a destruição da totalidade.

Nesse ponto, abrimo-nos para uma nova série de reflexões. Repitamos, para começar. Hoje vivemos uma derrota, não esqueçamos jamais. Por isso, a prática social alternativa, que nutre em si mesma o pensamento da destruição, tem pouco espaço. Na verdade, com frequência ela tende a ser realizada no esquema de totalidade que o poder produz. Mas, paradoxalmente, é altíssima a consciência do poder de encerrar e prender no esquema da totalidade o saber de outrem e não o seu (saber não predisposto à mediação, áspero e frequentemente irredutível). Certo, a precariedade da dominação é revelada menos pela resistência dos oprimidos que pela fragilidade das relações de dominação (a esse propósito seria preciso analisar muitas dimensões: a circularidade e a velocidade dos mecanismos de formação do consenso e a dimensão temporal da legitimidade… Mas falaremos disso noutra ocasião). Não se deve subestimar esse aspecto objetivo da crise. O nível de síntese do domínio e o grau de intensidade na capacidade do inimigo para produzir a subjetividade são mínimos. Objetivamente mínimos. A totalidade inimiga não consegue fazer-se orgânica. Mas — eis um novo grupo de reflexões — isso não basta para erigir um pensamento e uma prática que compreendam uma nova noção de "esquerda". Ou seja, não basta recomeçar a conceber o pensamento e a prática sociais como atividades de base, como tentativa de destruição da totalidade oposta, como intervenção nas contradições objetivas — em suma, a prática social não pode ser somente um pensamento da crítica social, somente um pensamento da crise. Ela deve também tocar a dimensão ontológica e desenvolver a tendência constitutiva.

Ora, quando destruímos a capacidade da totalidade inimiga em recolher no próprio domínio o saber dos explorados, naquele mesmo momento nós conquistamos a possibilidade de expressar a potente segmentaridade do pensamento, a particularidade irredutível dos desejos, o inteiro tecido transversal dos *agenciamentos*. Na destruição da totalidade inimiga, enquanto totalidade, está, pois, logicamente contido o pleno da nossa prática social — não porque o ato de ruptura seja algo ontologicamente prevalente na lógica das ações sociais, mas simplesmente porque a ruptura abre grande possibilidade de expressão. A prática social revela-se como exercício de liberação dos segmentos desejantes. Quando essa plenitude de expressão se manifesta, então põem-se em movimento as máquinas de guerra que podem destruir continuamente a totalidade, que podem fazer dessa destruição um fato constitucional. O conceito de partido e também aquele de "esquerda", não apenas como máquina de guerra, mas como plenitude da expressão desses segmentos, desses comportamentos positivos, pode aqui, por consequência, ser definido.

Temos presentemente diante de nós algumas experiências históricas de grande alcance. Cada um de nós sente a enorme novidade que elas representam. São a experiência do Solidarność na Polônia, o desenvolvimento do movimento dos Verdes na Alemanha Ocidental, e uma série de outros novos movimentos, muito importantes por analogia, embora sejam muito menos organizados e ainda à espera de uma análise crítica: o movimento dos "autoconvocados" na Itália, a luta contra a OTAN na Espanha, a luta dos mineiros ingleses etc. As características desses movimentos de organização e de luta são completamente novas em relação às tradições organizativas do movimento operário. Elas não podem, portanto, ser relacionadas com a nossa memória e a nossa tradição. Esses movimentos revelam a experiência ontológica da ruptura da totalidade e a liberação de uma energia orientada contra a totalidade de maneira permanente. Não seria difícil definir, por meio de uma análise das composições, os fundamentos materiais dessa composição política da classe dos explorados. Mas isso não é importante aqui. É mais importante insistir na extraordinária inovação que tudo isso revela. Todos esses movimentos aos quais nos referimos nasceram após o dilúvio; não seria ruim começarmos a perceber que, depois do dilúvio, não só o mundo ainda existe, mas na realidade esse desastre tornou a terra fertilíssima.

Vejamos quais eram as características originais desses movimentos. Antes de tudo, são movimentos na sociedade; em segundo lugar, não são movimentos reformistas, mas movimentos diferentes. Logo, eles são movimentos transversais e movimentos alternativos. Não querem a totalidade, ao contrário, querem destruí-la, e nessa destruição afirmam a independência do seu saber (e a sua riqueza e multiplicidade multicolorida etc.) e a eficácia de seu poder. Ignoro quais leis permitem a esses movimentos tornar a sua presença consistente. Se elas existem, é preciso descobri-las. Mas agrada-me lançar uma hipótese. É que a passagem do fluxo à consistência, dos movimentos ao partido, depende essencialmente da força física de massa e da radicalidade intelectual de estabelecer a relação entre a força do novo saber e a capacidade de destruição. Tenho a impressão de que o grau de consistência e de estabilidade organizativa, de irreversibilidade ontológica, possa ser mensurado, e talvez definitivamente dado, somente quando o movimento de luta se reconheça como máquina de radical deslocamento dos termos da política. Pela primeira vez, paradoxalmente (mas como no final de um processo utópico que se desenvolveu demasiado longamente), a autonomia do político forma-se como independência do social e como recusa do Estado.

A direita e o liberalismo moderno compreenderam muitas das determinações atuais do saber revolucionário, e assim tentaram mistificá-lo — por isso assistimos à saga dos "novos filósofos".[36] Não. Na verdade, essa independência do político alternativo não tem nada de liberal [*liberistico*]. Queremos a coletivização total dos meios de produção, isso nos parece óbvio, banal. De todo modo, não é esse o problema. O problema é outro, e é crucial. A liberdade consiste em pôr uma diversidade essencial num mundo onde cada condição de possibilidade da liberdade e da verdade teria de outra forma se anulado, absorvida na totalidade do poder. Somente a irrupção do diverso, de uma ontologia alternativa na esfera institucional do político pode então permitir refundar o sentido da liberação e, portanto, fundar uma prática social transformadora. Nas filosofias do conhecimento e das ciências, na estética e em todos os sistemas estruturais-funcionais, a emergência do elemento catastrófico, da diferença radical, constitui um momento fundamental, precisamente na medida em que o horizonte do homem sofreu a totalidade. Só a política subversiva sabe produzir essa superabundância de verdade. Entretanto, só a política subversiva conseguiu mais de uma vez expressar uma imagem da totalidade que não era aquela do fechamento, mas da inovação radical, e, por consequência, antecipar, mostrar o conceito de catástrofe: 1848, 1870, 1917, 1968... Sem essas catástrofes a ciência jamais teria descoberto a termodinâmica... Mas agora o problema é construir a catástrofe. Dizer isso é dizer tan-

---

[36] "Novos Filósofos" foi o nome assumido por um grupo de jovens pensadores oriundos da esquerda maoísta francesa que se ocupou do esconjuro das experiências contestatórias da esquerda europeia, notadamente o maio de 1968, na segunda metade dos anos 1970. [N. T.]

tas coisas enormes que não conseguimos resolver. Porém, devemos resolver esse problema: como ser a catástrofe construindo-a, como ser a totalidade sem sê-la, como ser o contrário da totalidade capitalística e estatal sem sofrer sua homologia. Subversão como democracia radical, em toda parte onde as formas de organização têm a eficácia do leninismo e a liberdade da autonomia; prática social como *agenciamento* das singularidades — sem recair em fetiches, quer se chamem "vontade geral" ou "bem comum", que venham anular a diferença, fazendo-a uma engrenagem no cosmos da exploração.

Para concluir. Ocorre-me, caro Félix, uma prática social terrivelmente eficaz e terrivelmente inimiga e que contribuiu para a nossa derrota: falo do terrorismo. Não é preciso muita coisa para defini-lo: um evento monstruoso, tradução mistificada da violência estatal e da sua vazia ficção de totalidade, *blitz* místico unilateral que sufoca a liberação na destruição, removendo toda a dinâmica e tolhendo toda a doçura da relação. No entanto, o terrorismo foi um escândalo e o será ainda se não soubermos evitar que ele nos repreenda monstruosamente por não termos conseguido ser homens que se revoltam francamente — que reconquistam a liberdade e que tornam eficaz a ruptura da existência bloqueada pelo poder. No passado, o terrorismo pode nos censurar pelo fato de não sermos livres, de não sermos Davi, mas carneiros diante de Golias. Só poderemos inventar uma nova vida na qual tanto o terrorismo quanto a violência do Estado sejam banidos se retornarmos a uma militância capaz de colocar o problema da alternativa de valores e de métodos completamente radicais, como se a nossa prática social fosse guiada pela hipótese da existência de milhares, de milhões de Davis.

O "poder", dizíamos, vem antes do "saber". Dir-se-á, caro Félix, que somos quase fascistas afirmando coisas desse tipo. Que digam o que quiserem. De minha parte, gostaria de tornar as coisas ainda piores. Dar prova de mau gosto, de vulgaridade: dizer que o amor, apenas o amor, pode determinar o nexo entre o poder e o saber. Do fundo dessa vergonhosa confissão de irracionalismo, chamo alguns amigos para justificar-me. Antes de todos, o bom Espinosa, pois também ele retoma o adágio dos grandes filósofos do Renascimento Italiano e diz que o amor fica entre o poder e o saber. Mas, depois, sobretudo o eterno goethiano Lênin: "no princípio era a ação". Apressemo-nos.

Um abraço a todos,
Toni

Posfácio, 1990,
Antonio Negri

Este texto, escrito como prefácio para a edição italiana de As verdades nômades *publicada pela editora Pellicani em 1989 e estendida como posfácio para a edição estadunidense publicada em 1990 sob o título de* Communists like us *pela editora Semiotext(e), foi escrito por Antonio Negri integralmente em língua italiana. Entretanto, o manuscrito italiano se perdeu em virtude da vida errante — entre liberdade, prisão e exílio — do autor. A presente tradução foi estabelecida a partir do texto inglês, traduzido por Jared Becker, e cotejada com o texto francês, traduzido por Noémie Segol e revisado por Negri.*

Nota sobre o posfácio[37]

No momento da republicação do presente texto, mais de vinte anos após a sua primeira aparição, eu não quis fazer-lhe modificações, mesmo devendo levar em conta, é claro, as correções que a história desses últimos anos trouxe para os nossos juízos da época. Por quê? Sem dúvida e antes de tudo porque esse texto foi lido e aprovado por Félix Guattari, com quem eu compartilhava todos os meus projetos políticos nos anos 1990. Mas também, eu creio, porque o erro evidente desse texto consiste em depositar uma confiança excessiva na transição de Gorbachev. Foi realmente um erro? Sim, sem dúvida. Entretanto, os neoconservadores souberam, por seu lado, produzir alguma coisa em seu trabalho de destruição sistemática do programa de transição de Gorbachev? Eles não produziram nada além de um deserto para nossas esperanças, um monte de ruínas e misérias, um misto de idiotices teóricas e iliberdades renovadas. Como sempre, após um tremor de terra como aquele que eles provocaram, é preciso tudo reconstruir e é muito cansativo: é preciso liberar o terreno dos escombros. É nisso que ainda estamos trabalhando.

Toni Negri
maio de 2010.

---

[37] Escrita em 2010 para a reedição francesa de *As verdades nômades, Les nouveaux espaces de liberté*. [N. T.]

"Roma, prisão de Rebibbia-Paris, 1983-1984": essa nota cronológica que encerra o nosso texto francês, publicado em 1985, nada tem de artificial. O diálogo entre os dois autores não se interrompeu durante os longos anos nos quais um deles esteve preso. Na verdade, durante o último ano desse encarceramento, decidimos realizar uma reflexão conjunta sobre a continuidade do programa político comunista, contra a repressão e apesar de seus efeitos. Quando um de nós deixou a prisão e foi para o exílio, em 1984, tornou-se possível concretizar esse projeto de colaboração. Eis como nasceu este texto. A continuidade do programa comunista, a lembrança de nossas lutas e uma fidelidade política e ética à opção pela revolução foram os vínculos que relançaram as nossas discussões e a nossa amizade.

É preciso lembrar o quanto esse período foi sombrio. Na Itália, os assim chamados *anos de chumbo* pareciam não chegar ao fim, e com eles o clima social e político igualmente cinzento. Na França, os social-democratas haviam abandonado o programa de profunda renovação social que motivara a sua ascensão ao poder para melhor conduzir as sinistras tarefas de reestruturação que o capital lhes confiara. Na Aliança Atlântica, Reagan e Thatcher viviam o ápice de sua aventura reacionária. E na URSS (só podemos percebê-lo agora), aqueles que iriam se revelar os últimos, mas não menos ferozes, bastiões do stalinismo ainda exerciam os restos de seu antigo poder.

Nada parecia poder ameaçar essa horrível imobilidade — exceto alguns eventuais ruídos de fundo, alguns conflitos "locais" ou "limitados", como o "pequeno" banho de sangue entre Irã e Iraque, a ressurgência do canibalismo coletivo no Sudeste Asiático ou ainda o fascismo e *apartheid* da América Latina e da África do Sul. Vivíamos uma época de contrarrevolução permanente. Os novos movimentos que emergiriam na segunda metade dos anos 1980 — baseados na mobilidade e na auto-organização, no antirracismo, movimentos ricos em desejos não materiais — estavam ainda invisíveis em nosso horizonte. Por outro lado, assistíamos à persistência enfraquecida, patética e desesperada daqueles que haviam sobrevivido aos anos 1970.

Foi muito precisamente contra esse contexto que, uma vez mais, nós decidimos tomar a revolução como objeto de escrita e renovar os discursos de esperança. Nosso discurso era justamente de esperança e de ruptura, no sentido positivo do termo. Mas ninguém então, nem mesmo os nossos amigos, parecia compreender a nossa posição, considerada estranha, improvisada, fora de moda. Contudo, não nos preocupávamos com tais objeções. Um único projeto nos tomava: reconstruir um núcleo duro, por pequeno que fosse, de militância e de subjetividade futuras. O que implicava superar a derrota política dos anos 1970, especialmente no que diz respeito à produção, no campo capitalista, de uma ideologia de arrependimento, de traição e de autopiedade, salpicada com novos valores "fracos": relação cínica com a ética, relativismo político e relativismo monetário.

Jogando a carta da ingenuidade, queríamos afirmar ainda ser possível viver e produzir a subjetividade revolucionária. Esse era o fundo de nossa mensagem, mas não é menos digno de interesse o modo como expressávamos e dávamos vida ao nosso desejo. Relendo-nos hoje, notamos que os temas escolhidos em nossa análise e o programa de ação que nos propúnhamos eram e permanecem essencialmente bem fundados. Em outras palavras, a maneira como havíamos descrito os modos de produção, o sistema da dominação e a crise que lhes era inerente — ou ainda, por outro lado, as perspectivas que vislumbrávamos do desenvolvimento das organizações alternativas, e mesmo o nosso ponto de vista sobre os processos constitutivos de um novo sujeito, sobre as suas qualidades produtivas e sobre o sistema cultural que o formaria — bem como a articulação desses pontos de nossa análise mostraram ter capturado as tendências em ação. Se cometemos erros, foi de incompletude: não tínhamos ousado levar essas tendências longe o bastante e a nossa imaginação não se fizera revolucionária o bastante. Em suma, se grande parte de nossa análise foi confirmada pelos eventos ulteriores, certos elementos foram desmentidos, não pelos desenvolvimentos históricos, mas pela intensidade — prevista — que esses desenvolvimentos assumiram. Vejamos agora alguns deles.

1) Reconhecemos muito claramente que o trabalho, à medida que se tornava cada vez mais abstrato, móvel e socialmente difuso, exigia formas novas de recomposição. Havíamos começado a seguir os processos envolvidos na produção da subjetividade que a nova organização produtiva capitalista provocava. Mas devíamos ter ido ainda mais longe, e percebido que essa nova produção de subjetividade estava presa a uma contradição insuperável, pois a cooperação social se opunha com violência crescente às estruturas do controle capitalista. Tal contradição era particularmente aparente no caso do trabalho intelectual, que é imaterial e que, quanto mais se tornava essencial para o sistema de produção, mais expressava suas diferenças irreconciliáveis com a norma capitalista. Deveríamos ter notado mais claramente a importância central das lutas nas universidades, em todo o sistema educacional, nos meandros da mobilidade social, em todos esses lugares onde a força de trabalho é formada; deveríamos ter desenvolvido uma análise mais ampla dos processos de organização e de revolta que começavam a surgir nesses campos.

2) Decerto, não subestimamos a nova dimensão das novas formas de comunicação, que funcionavam como instrumentos e como fomentadoras da desterritorialização, tendo por horizonte a usurpação intelectual e o empobrecimento moral. E não havia nenhum paradoxo em, justamente nesse lugar onde a dominação capitalista era tão forte, ser possível detectar os mecanismos de uma re-

composição do sujeito e de uma nova territorialização do desejo. Mas lá onde nossa reflexão se deteve na avaliação da possibilidade de uma tal resistência, nós deveríamos ter prosseguido nossa análise e traçando novamente os momentos da reconstrução, da recomposição do sujeito. Esse último processo deve ser considerado fora do contexto individual, ou de toda experiência pessoal particular. Não falamos aqui de uma utopia por vir, mas de uma força formadora real, de um poder material para a reconstrução política e social.

3) Deveríamos ter definido melhor o campo da luta ecológica, movimento que parecia compatível com o programa de liberação proletária. Deveríamos ter reconhecido não só a necessidade de defender a natureza contra as ameaças de destruição que pesam sobre ela e que sugerem um apocalipse iminente, mas reconhecido a urgência da construção de novos sistemas e de novas condições para a reprodução da espécie humana, assim como definido os modos e as agendas da ação revolucionária nessa direção. Pode-se facilmente adivinhar que escrevemos nosso texto antes de Chernobyl.

4) Vamos nos ater agora ao ponto mais suscetível de crítica e de autocensura. Quando definimos o Capitalismo Mundial Integrado, não medimos suficientemente a intensidade do processo ativado pela participação da União Soviética nesse sistema. É claro, tínhamos insistido ao longo de todo o nosso escrito sobre a identidade entre a exploração existente nos países capitalistas e nos países socialistas. Hoje, a vitória definitiva do mer-

cado mundial sobre a opressão stalinista apenas confirma essa observação. Mas não podemos ignorar a aceleração dos processos de integração durante os cinco últimos anos, nem os seus efeitos subsequentes. Contradições muito vivas aparecem em cada um dos blocos, assim como nas relações Leste-Oeste. O problema da paz pode ser colocado hoje em termos muito menos utópicos do que quando escrevemos o nosso texto. Mas é precisamente por essa razão que os processos de instauração e de manutenção da paz tornam-se uma força positiva no relançar dos movimentos de liberação, de revolta e de transformação radical.

5) Certamente, nosso livro não subestimou a questão das relações Norte-Sul. Mas fomos demasiado otimistas. Acreditávamos que, diante do declínio desastroso das perspectivas das nações do Sul, uma nova forma de aliança com o Norte seria concluída inevitavelmente. Mas nada do gênero se produziu, e na verdade a situação piorou bastante. Continentes inteiros estão hoje à deriva sem bússola, e nem uma única iniciativa política digna do nome foi proposta para tratar os problemas enormes produzidos por essa situação desastrosa. Os concertos de solidariedade se multiplicam, bem como o apoio estatal para ações caritativas — mas, simultaneamente, o isolamento dos países mais pobres e o descaso com eles na atualidade se tornaram mais sinistros. É com desespero que observamos, tomados de uma impotência angustiada, o massacre de inocentes, os genocídios sem fim... É com raiva que observamos essas coisas.

•

Poderíamos prosseguir com a análise das lacunas de nosso discurso sem negar sua validade substancial. Mas para quê? Os elementos que nos permitem hoje acreditar que o comunismo nunca esteve tão próximo de sua realização não se encontram em nossos escritos, mas no giro radical da história nos últimos quatro ou cinco anos. O que antes era tido como utopia agora é mera questão de senso comum. A era da contrarrevolução de Reagan e o período muito sombrio do apogeu neoliberal parecem superados em definitivo. Sabíamos que eles não durariam muito e nunca paramos de rir de seus "novos filósofos", nem de sentir náusea daqueles "arrependidos".[38] Entretanto, surpreendemo-nos com a fragilidade dessa arrogância. As declarações grandiloquentes sobre o neoliberalismo, sobre um novo contrato social, sobre as novas Luzes, tudo aparece hoje como hipocrisia — bem como no passado. Mas antes era preciso coragem para afirmá-lo. Hoje é uma verdade banal.

O que nos interessa, entretanto, não é tanto falar, mas ser. Ser, e então organizar. Organizar, e, portanto, ter a possibilidade de derrubar o sentido da produção que o capital, em nome do lucro, constrói no coração de nosso tecido social orientado para a informação. Abolir esse sentido, subvertê-lo... É o que nos traz à práxis. E a práxis encontra-se hoje no bloco do Leste.

---

[38] "Arrependidos" [*pentiti*] designa os membros da esquerda extraparlamentar italiana que, uma vez capturados pela repressão estatal, passaram a "colaborar" com a justiça em troca da redução de suas penas. [N. T.]

•

Antes de nos determos na práxis, uma rápida precisão terminológica. Escuta-se dizer que o comunismo está morto. De nossa parte, consideramos essa afirmação inexata. É o socialismo que está moribundo. Em que esses dois termos diferem? Para os militantes de primeira hora, a distinção era óbvia: a ordem política e econômica do socialismo era regida pela regra do "a cada um segundo o seu trabalho", enquanto o sistema comunista advogava "para cada um segundo as suas necessidades". Socialismo e comunismo representavam duas etapas diferentes do processo revolucionário. A primeira caracterizada pela socialização dos meios de produção e pela administração política dessa transição, e a segunda pela extinção do Estado e pela gestão espontânea da economia e do poder.

Se essa precisão fazia sentido para os militantes comunistas da época, hoje, na era do colapso do "socialismo real", ela foi obliterada, de modo que se confundem facilmente socialismo e comunismo. Ambos estão amalgamados em uma visão redutora e hostil dos adversários do socialismo, que realizaram uma liquidação brutal de toda ação realizada no mundo em nome do socialismo após 1917, seja no Leste Europeu ou no Terceiro Mundo. É claro, essa operação foi facilitada à medida que o contexto se lhe tornava favorável. Nos Estados socialistas do Leste Europeu, os últimos quarenta anos viram a mistificação da ideologia, as fraudes burocráticas e a manipulação cínica da teoria estabelecidas como os únicos métodos de legitimação do poder — métodos que, não é de surpreender, engendraram seus próprios sintomas de rejeição radical e desgosto. Como poderia o "futuro radiante" prometido pelo comunismo evitar o descrédito nas sociedades que de socialistas tinham apenas o nome, sociedades inteiramente burocratizadas, onde as utopias foram alcançadas tão somente à força da camuflagem da realidade?

Dito isso, voltemos aos próprios conceitos e à sua história, sublinhando que eles certamente não são redutíveis às fantasias que lhes vestem nas polêmicas atuais e tampouco merecem a rejeição em bloco que sofrem hoje. De fato, há um século e meio, ou seja, desde a formação da "Liga dos Comunistas" que elegeu Marx como líder no meio do século XIX, o comunismo constituiu a ideologia política central da idade moderna. Em oposição às velhas utopias, ele se funda verdadeiramente sobre uma análise inovadora dos mecanismos do desenvolvimento capitalista do ponto de vista operário. Adotando uma abordagem científica das dinâmicas socioeconômicas do sistema capitalista, observando-as se nutrirem e crescerem unicamente pela exploração da força de trabalho, o partido da classe operária pode definir as estratégias e táticas do comunismo futuro, estabelecendo como objetivos a destruição dos mecanismos da acumulação capitalista e a conquista do poder político. Marx nos conduz até esse ponto, e coloca à nossa disposição um formidável aparelho científico para continuar esse projeto.

Transferir a análise teórica de Marx para a questão da mobilização revolucionária no novo contexto do capitalismo europeu, no início de um século marcado por uma notável instabilidade dos diferentes sistemas políticos e sociais, é a tarefa que Lênin assumiu e que o levou a formular os princípios organizativos de um novo partido, o Partido Comunista Bolchevique. Esse partido é a vanguarda da classe operária, que, rompendo com as preocupações meramente econômicas dos sindicatos, com a espontaneidade puramente oportunista dos anarquistas e com a visão legalista da luta de classe praticada pelos partidos da Segunda Internacional, dota-se de um instrumento disciplinado e flexível, apto a tomar o poder e estabelecer a ditadura do proletariado. O objetivo dessa ditadura é a instauração do socialismo, ou seja, a nacionalização dos meios de produção e a planificação centralizada. Entretanto, tudo isso devia se inserir em um processo radical de participação democrática, durante um período de transição que criaria as condições do crescimento econômico para todos e que, simultaneamente, dissolveria os poderes centrais do Estado e da lei, dando ao mesmo tempo riqueza e liberdade aos cidadãos. Que ilusão! Quantas decepções!

A concepção leninista do partido e da transição revolucionária foram contestadas na ala esquerda do movimento operário por Rosa Luxemburgo, tanto no momento das revoltas de 1905 quanto após a revolução de 1917. Para ela, organização significava recusa permanente, no próprio local de trabalho, de toda mediação da autoexpressão operária da luta de classes pelos sindicatos ou por um partido reformista. De seu ponto de vista, a organização dependia diretamente do aumento da espontaneidade operária bem como de instituições políticas específicas produzidas por tal espontaneidade, à imagem dos "sovietes" russos em 1905 e 1917, ou ainda, dos "conselhos operários" alemães de 1918-1919. Lênin, por outro lado, considerava que a luta dos trabalhadores organizados de modo autogerido não podia prefigurar o partido, e que um diretório político revolucionário separado das lutas individuais devia supervisionar essas diferentes expressões da espontaneidade a fim de assegurar a realização da meta fundamental da ditadura do proletariado.

É dessa contradição entre Luxemburgo e Lênin — entre a ideia de um comunismo como democracia das massas em luta, ou, por outro lado, como ditadura do proletariado — que nasce a crise da gestão do poder socialista após a vitória da insurreição e a tomada do poder? Numerosos comunistas — ainda há muitos deles no mundo — estão convencidos disso, e é muito provável que, quando o movimento subversivo vier à superfície nas próximas décadas (pois ele voltará, é evidente), ele deverá se debruçar novamente sobre essa questão.

Mas outros problemas ainda são suscetíveis de emergir no centro das discussões suscitadas pela crise atual do comunismo e pela queda do "socialismo real". É particularmente interessante seguir os desenvolvimentos do dilema que surgiu na Rússia quando da morte de Lênin. Nessa época, o debate político soviético se estruturou em torno da alternativa entre a "revolução permanente" e o "socialismo em um só país". Essas alternativas foram debatidas em termos da sua relação com o leninismo e a Revolução de Outubro. Leon Trotsky, um ardente defensor da primeira tese como um meio ideal de imunizar a revolução contra a burocratização do Estado e do partido, perdeu a batalha contra aqueles que, partidários da segunda opção, acreditavam que o desenvolvimento desigual entre os países capitalistas e a natureza excepcional da vitória proletária no nível do elo fraco da cadeia imperialista tornaram o estabelecimento do socialismo em um só país uma via de ação incontornável. Entre os defensores da segunda tese, Stalin logo emergiu como o executor impiedoso da centralização do partido e da concentração maciça do poder no aparelho administrativo-repressivo. É assim que cresceu de maneira vertiginosa a distância entre a teoria marxista da luta de classes contra o sistema capitalista e a prática efetiva de fundação do socialismo. Paradoxalmente, o comunismo, definido por Marx como "o movimento real que abole o estado de coisas atual", torna-se a atividade produtiva que cria a todo custo as bases materiais de uma sociedade industrial presa na armadilha do ritmo de seu desenvolvimento diante daquele dos países capitalistas. Assim, o socialismo não se atém em derrubar o sistema capitalista e o sistema laboral assalariado, mas torna-se, acima de tudo, uma alternativa socioeconômica ao capitalismo.

Podemos então afirmar que a presente crise do "socialismo real" não representa mais que uma crise na gestão socialista do capital? Que a situação atual não tem nada a ver com uma qualquer crise final do comunismo? Podemos assim afirmar se, tendo aceitado as lições de um século e meio de história, insistirmos com toda ênfase possível na distinção entre socialismo e comunismo. Pois o primeiro não é nada mais do que uma das formas segundo a qual o capital se organiza e se administra, e é por esta razão que a maioria dos países capitalistas desenvolvidos tem hoje, em seus sistemas econômicos, um componente socialista muito forte. Mas o comunismo é a forma de organização da sociedade após todo o sistema capitalista ter sido derrubado, ou seja, após a destruição do sistema de classes e do sistema de exploração, quando o papel organizador do Estado, em oposição ao da sociedade, for suprimido. Devemos insistir ainda uma vez que é absolutamente falso que o socialismo é uma fase, ou um instrumento de transição para o comunismo. Historicamente falando, é exatamente o contrário, pois as formas mais ferozes de opressão econômica e política foram produzidas no interior do "socialismo real", cujo pretenso "novo homem socialista" não era nada mais do que uma versão aperfeiçoada do burro de carga.

Como Marx nos ensina, o comunismo nasceu diretamente do antagonismo de classes, da recusa do trabalho e da organização do trabalho nas suas formas burguesa ou socialista. Os novos modos desse antagonismo e dessa recusa podem ser vistos na Europa Ocidental, mas são ainda mais aparentes hoje na crise do "socialismo real" no bloco Oriental. É por isso que a revolta no Leste Europeu constitui um forte incentivo para uma discussão renovada e uma militância revigorada no comunismo. A necessidade de distinguir "socialismo" e "comunismo" tornou-se novamente óbvia, mas desta vez não devido ao embaralhar de suas fronteiras, mas porque a sua oposição é extrema. O socialismo não é nada além de uma forma de gerenciamento da economia e do poder emprestada do capitalismo, ao passo que o comunismo é uma forma absolutamente radical de democracia política e econômica, uma aspiração à liberdade.

•

O que os eventos no Leste Europeu nos revelam? Em primeiro lugar, já o reconhecemos, eles marcam o fim da ilusão segundo a qual podem haver atalhos para o comunismo. Quaisquer que tenham sido as crenças de nossos predecessores, operários por profissão ou intelectuais na vanguarda, nós devemos reconhecer que não pode haver progresso, não pode haver transição do capitalismo para o comunismo via socialismo. Logo, o comunismo é o programa mínimo e essencial. Não há duas nem três nem quatro nem n fases ou estágios de desenvolvimento: há apenas uma, que é a retomada da liberdade em nossas próprias mãos e a construção de meios coletivos para controlar a cooperação na produção. Esse estágio único de desenvolvimento põe em evidência a que ponto o capitalismo e/ou o socialismo fizeram da produção um objeto social, abstrato e compartilhado; ele torna igualmente possível a reorganização da cooperação fora e contra o sistema capitalista de comando, fora e contra o roubo diário do poder e das riquezas perpetrados por uma minoria em detrimento de toda a sociedade.

O comunismo já vive dentro das sociedades capitalistas e/ou socialistas atuais, na forma de uma ordem secreta dedicada à cooperação na produção, uma ordem acobertada (ou encoberta, ou velada?) pelo sistema capitalista de comando e/ou a burocracia, esmagada entre as forças opostas daqueles que comandam e daqueles que obedecem, uma ordem nova que se esforça em se manifestar, mas não consegue. No bloco Oriental vemos protestos de massa explodirem na forma de uma pura negação do passado.

Mas assistimos também à expressão de um potencial até agora desconhecido no Ocidente: nas nações do Leste Europeu vimos uma sociedade civil inteiramente viva surgir à superfície, uma que não foi homogeneizada, capaz de exprimir uma vontade política coletiva de uma forma já desconhecida no Ocidente — uma aspiração ao poder conduzida não pelas formas do Estado, mas pela base social. Tenho certeza de que tudo isso se manifestará também no Ocidente, e em breve, pois o que se produziu no Oriente não nasceu das especificidades desses países.

O que se produziu no Oriente é o início de uma revolta contra um capitalismo que atingiu o ápice de sua tirania. Há sempre aqueles imbecis que identificam o desenvolvimento capitalista à quantidade de computadores vendidos. É claro que, neste caso, seria preciso então reconhecer que o capitalismo não existiu no Oriente e que a revolução que atualmente agita o último será facilmente apaziguada pela venda de computadores. E há aqueles que tentarão essa estratégia. Mas as coisas não se passam assim: o nível de desenvolvimento capitalista é definido pelo grau de cooperação social na produção. Desse ponto de vista, o bloco Oriental não está de modo algum atrasado em relação ao Ocidente.

É contra esse cenário que lemos a revolução que emergiu. Nós sugerimos ainda que, assim como toda revolução digna do nome, esta aqui irá se espalhar — desta vez do Oriente para o Ocidente, um novo 68, movendo-se na direção oposta.

O que mais os eventos do Leste revelam? Um outro elemento, menos visível aos olhos da maioria, mas não menos importante e mesmo decisivo: o nascimento de um novo modelo de democracia. A nossa civilização nos habituou a pensar que existe somente uma forma de democracia, a do Ocidente, e que ela deve ser aplicada genericamente. A história teria, portanto, chegado ao seu fim, não haveria mais nada para inventar, e a democracia e o *American way of life* representariam o produto absolutamente final do espírito humano! Tudo isso é uma ilusão arrogante. O que aconteceu no Leste demonstra justamente o oposto, pois (apesar do que Hegel diz) não somente o espírito do mundo não terminou o seu itinerário, como de fato ele dá sinais de haver revertido o seu curso, retornando do outro lado do Atlântico para as estepes russas. Foi lá que ele renasceu, lá que está o debate sobre a democracia. Esta não pode ser o simples sinônimo da emancipação política, ela tem que incluir a liberação social e econômica. Nenhuma democracia é possível sem que os problemas do trabalho e do comando estejam resolvidos. Qualquer forma de governo democrático tem que ser também uma forma de liberação da escravidão do trabalho, encorajar uma forma nova e livre de organização da coordenação na produção. Não se trata de confiar as fábricas e a organização do trabalho social nas mãos de novos patrões, confiando-lhes à hipócrita liberdade do mercado, entregando-as de volta aos desejos de exploração dos capitalistas e dos burocratas. Em vez disso, trata-se de compreender quais podem ser as regras de uma gestão democrática do empreendimento econômico. Uma utopia impossível? Cada vez menos se pensa assim. Não só no Leste, mas até mesmo no Oeste, se pergunta cada vez mais sobre os meios para alcançar uma democracia que inclui a gestão democrática dos meios de produção. E eles se insurgem não contra o comunismo, mas contra as formas atuais de produção. Seu assombro e dor derivam do fato de que a cada dia somos obrigados a testemunhar a persistência de figuras tão obsoletas e inúteis quanto os patrões capitalistas e burocráticos. No Leste, a revolução oferece às pessoas a experiência de uma nova forma de democracia: a democracia do trabalho, uma democracia comunista.

O bloco Oriental nos ensina ainda uma terceira lição. Quem se revoltou? A classe operária? Em parte, sim, mas frequentemente não. A classe média, então? Em certa medida, mas somente quando não estava ligada à burocracia. E os estudantes, cientistas, trabalhadores ligados às tecnologias avançadas, intelectuais e, em suma, todos aqueles que lidam com trabalho intelectual e abstrato? Certamente este grupo representa o núcleo da rebelião. Aqueles que se rebelaram, portanto, eram o novo tipo de produtores. Produtores sociais, administradores de seu próprio meio de produção e aptos a fornecer tanto o trabalho quanto a sua organização, tanto a atividade inovadora quanto a socialização cooperativa. Também desse ponto de vista os eventos do Leste não são estranhos para nós. Podemos dizer "*de te fabula narratur*".[39] Pois nos países em que o capitalismo reina, triunfante e estúpido, corrompido e incapaz de autocrítica, arrogante e confuso, o sujeito que constantemente está disposto a se revoltar é o mesmo: o novo sujeito produtivo, intelectual e abstrato, os estudantes, cientistas, trabalhadores ligados às tecnologias avançadas, os trabalhadores universitários etc. Os eventos do Leste nos alcançam por meio desses sujeitos. Que Gorbachev permaneça no poder ou seja removido por Ligachev, que a *perestroika*[40] tenha sucesso na sua forma presente ou em uma segunda onda que inevitavelmente seguirá, que o império russo perdure ou não, esses problemas dizem respeito somente aos soviéticos.

Nós temos que derrotar nossos próprios cossacos. Há muitos deles e nós nos lançamos tarde na batalha. Entretanto somos gratos aos soviéticos por terem iniciado,

---

[39] Livremente, "a fábula fala de ti". Horácio, *Sátiras*, I. [N. T.]
[40] Literalmente, "reconstrução". Política de reestruturação introduzida por Mikhail Gorbachev, último líder da URSS, em 1986. [N. T.]

pela segunda vez no século XX, um profundo processo de renovação do espírito. É um processo irreversível, não somente na Rússia, mas também na vida da humanidade.

Toni Negri
Paris, Natal de 1989.

Índice

68, 22, 25, 26, 28, 32, 34–36, 42, 55, 56, 58, 59, 63, 121, 192

A

agenciamento, xvii–xix, 6, 18, 24, 32, 36, 42, 47, 58, 64, 67, 69, 79, 90 96–100, 102, 103, 106, 112, 119, 122, 161, 162, 164, 168
aliança, 13, 14, 28, 57, 68, 75, 79, 85, 100–102, 106, 114, 115, 119–122, 143, 144, 182
América Central, 65
anarquismo, 75, 87, 161
    anarquia, 162
antagonismo, 13, 30, 51, 116, 133, 189
    antagonista, xviii, 20, 21, 90, 140
autonomia, 14, 27, 66, 67, 97, 103, 166, 168

B

"Bifo", Franco Berardi, 130

C

capitalístico, xvii, 6, 17, 43, 53, 57, 64, 67, 82, 90, 101, 113, 115, 119, 121, 134, 144
Carter, Jimmy, 52, 133
Capitalismo Mundial Integrado, xiv, xxii, 39, 134, 139, 181
    CMI, xiv–xvii, xix, 39–41, 44–49, 54–56, 59, 63, 65, 68, 70, 71, 95, 102–104, 115, 117, 119, 122, 123
classe operária, 18, 41, 48, 52, 55, 56, 101–105, 114, 185, 186, 193
coletivismo, 5, 13, 31
Comuna de Paris, 117
comunicação de massa, xv, xvi, xviii, 9, 25, 40, 41, 43, 101, 135
comunismo, xviii, 3, 5–8, 10, 12–14, 17, 23, 31, 45, 68, 111, 115–118, 121, 122, 155, 156, 183–185, 187–191, 193
conservadorismo, 25, 55, 56, 58, 73
crise, xix, 17, 18, 22, 40, 46, 47, 52–54, 58, 68, 79, 80, 96, 104, 132, 135, 136, 163, 164, 179, 187–189
    crise do político, 28
Croissant, Klaus, 130

D

democracia, 29, 36, 45, 87, 95, 130, 168, 187, 190, 192, 193
desejo, xi, xxi, 5, 9, 10, 23, 25, 30, 32–35, 55, 57, 63, 71, 74, 80, 91, 95, 100, 119, 122, 123, 137n26, 149, 151–153, 178, 179, 181
desterritorialização, 18, 19, 40, 88, 103, 180
diagramática, xviii, xix, 67, 115, 117, 121
ditadura do proletariado, 186, 187

E

Engels, Friedrich, 17n4
Estados Unidos, 46n9, 47n11, 51, 52n13, 55n14, 137
Europa Central, 65

F

feminismo, 156
    movimento feminista, 91
    movimento de mulheres, 32, 33, 73, 74
Foucault, Michel, 155

G

Gorbachev, Mikhail, 175, 194
Guattari, Félix, ix–xiv, xvii, xix–xxii, 123, 130n23, 149n31, 175

H

Hegel, g. w. f., 24, 192
Hobbes, Thomas, 8

K

Kissinger, Henry, 47n10, 52n13

L

LÊNIN, Vladimir, 163, 169, 186, 187
leninismo, 35, 72, 79, 87, 161, 162, 168, 188
Leste Europeu, 134-135n24, 184, 189-191
LIGACHEV, Yegor, 194
lutas, ix, xv–xix, 13, 17, 22, 23, 25, 26, 28, 32, 34, 41, 42, 47, 48, 50, 52, 54–56, 64, 65, 73, 76, 77, 93, 95, 100, 103, 111, 117, 121, 130–132, 139, 152, 153, 161, 177, 180
    lutas de classes, 30, 42, 47, 52, 54, 69, 103, 105, 150, 163, 186, 188
    lutas individuais, 187
    lutas molares, 91
    lutas moleculares, xvi, 42
    luta pela paz, 80–82, 120, 140
    lutas proletárias, 91
LUXEMBURGO, Rosa, 186, 187

M

máquina, 5, 6, 10, 19, 64, 87, 111, 117, 154, 166
    máquina de domínio, 154
    máquina de guerra, 164, 165
    máquinas de luta, 87, 92–95, 97–100, 105, 112, 122, 140, 143
MARX, Karl, 17n4, 185, 188, 189
massa, xv, xvii, 18, 25, 26, 29, 50, 54, 64, 66, 100, 105, 116, 143, 166, 187, 191
meios de comunicação de massa, xv, xvi, xviii, 9, 24, 40, 41, 43, 101, 135
molar, 17, 23, 70, 71
molecular, xxi, 13, 21, 23, 40, 54, 55, 57, 67, 70, 87, 91, 103, 112, 121, 135n24, 155
MONTESQUIEU, 89
MORGAN, Henry, 49
movimento, ix, xiii, xiv, xvi, xviii–xxii, 10, 11, 17, 20, 22–29, 32–36, 42, 57, 58, 63, 65, 67, 68, 70–76, 78, 80, 81, 87, 88, 91–95, 97–99, 101–103, 105, 107, 112, 114, 115, 117–122, 130n23, 142, 143, 155, 165, 166, 178, 181, 182, 187, 188
    movimentos de juventude, 74
    movimento operário, xiii, 57, 67, 74, 87, 91, 105, 111, 165, 186
    movimento de paz, xiii, 81
    movimento revolucionário, 17, 57, 71, 72, 88, 105, 113, 119, 123
mulheres, xvi, 32, 33, 74, 91, 105, 122, 156

N

NEGRI, Antonio, ix–xiii, xv, xvii, xix–xxii, 7n2, 123n22, 130, 149n31, 149n32, 173, 175
NIXON, Richard, 46n9, 79
neoliberalismo, ix, 98, 183

P

PACE, Lanfranco, 130
PAIN, François, 130
paz, xiii, xix, 11, 63, 66, 76, 80–83, 120–123, 139, 182
PIPERNO, Franco, 130n23
polo elitista, xv, 63, 68, 70
polo garantido, xv, 63, 68
polo não garantido, xv, 63, 68
produção social, xv, 10, 19, 21, 23, 25, 28, 34, 44, 89, 101, 112–115, 132
produção socializada, 17, 20
produção viva, 24
proletariado, xiv, xv, 11, 35, 41, 48, 51, 54, 56, 67, 69, 79, 101, 103, 114–116, 121, 122, 186, 187

R

REAGAN, Ronald, ix, 55, 79, 177, 183
recusa do trabalho, 11, 31, 150, 153, 189
reterritorialização, 117–119, 160, 162
revolução, ix, xix, xxii, 7, 12, 14, 17, 19, 23, 24, 35, 45, 58, 65, 69, 76, 82, 83, 89, 113, 116, 118, 122, 177, 178, 186, 187, 188, 192, 193
    revolução molecular, xxi, 56, 67, 91, 103, 121, 135n24
Revolução Francesa, 88n18
Revolução de Outubro, 188

rizoma, 12, 93, 140
ROBESPIERRE, Maximilien de, 88n18
ROCKFELLER, David, 47n11
ROUSSEAU, Jean-Jacques, 89

S

singularização, 10, 12, 13, 22, 23, 30, 31, 34, 35, 93, 94, 96, 103, 112, 141, 143, 144
socialismo, xiii, 5, 6, 10, 14, 57-59, 80, 103, 115, 144, 155, 161, 184, 186-190
  socialismo real, ix, 25, 39, 51, 56, 57, 184, 187, 189
social-democracia, 25, 161
Solidarność, 65, 142, 165
STAKHANOV, Alexei, 55
STALIN, Joseph, 188
stalinistas/stalinismo, xiii, 14, 29, 55n14 142, 155, 178, 182
STENDHAL, 24n6
subjetividade, xv, xvii, xviii, 14, 30, 32, 35, 42, 63, 64, 67, 69, 80, 95, 99, 102, 106, 117, 139, 141-143, 159, 163, 178, 180
  subjetividade capitalística, 29, 141
  subjetividade coletiva, xvi, 6, 12, 24, 25, 30, 32, 44, 52, 76, 80, 92, 97, 112, 114, 122, 139
  subjetividade informatizada, 47
  subjetividade marginal/marginalizada, 105, 106
  subjetividade produtiva, 112
  subjetividade proletária, 42, 45, 68, 72, 78, 97, 100
  subjetividade revolucionária, 56, 63, 70, 80, 89, 90, 92, 112, 179
  subjetividade social, xvii, 31, 42, 65, 92, 106
  subjetividade totalitária, 67

T

Terceira Internacional, 105
Terceiro Mundo, xv, 11, 39, 44, 51, 53, 63, 79, 105, 116, 118, 129, 134, 135, 138, 139, 184
  terceiro-mundismo, 115
terrorismo, 66, 70, 72-75, 130n23, 155, 168
THATCHER, Margaret, 177
totalidade, 154, 155, 162-168
trabalho, x, xiv, xvi-xix, 5-8, 10-14, 18, 20-23, 27, 29-32, 34, 35, 40-42, 46, 47, 48, 51, 55, 57, 59, 69, 77, 78, 98, 101, 103, 105, 112, 113, 114, 117, 122, 129, 131, 141, 149, 152, 153, 160, 161, 175, 180, 184, 185, 186, 193, 194
  trabalho abstrato, 18, 33
  trabalho intelectual/imaterial, 33, 180, 194
TROTSKY, Leon, 188

U

União Soviética, 51, 181
  URSS, ix, 51, 81n17, 178, 194n40

W

Welfare, xv, 25, 49, 54, 64, 112, 117

Este livro foi inteiramente produzido em software livre LaTeX | **tipografia** Adobe Garamond Pro | **papel** Avena 80 g/m² | impresso na Graphium gráfica e editora | São Paulo, setembro de 2017